中国煤电清洁发展报告

Clean Development of Coal-Fired Power in China

中国电力企业联合会　编

图书在版编目（CIP）数据

中国煤电清洁发展报告/中国电力企业联合会编．—北京：中国电力出版社，2017.11
ISBN 978-7-5198-1390-1

Ⅰ.①中… Ⅱ.①中… Ⅲ.①煤炭工业—空气污染控制—研究报告—中国②煤炭工业—节能—研究报告—中国 Ⅳ.①X773.017②F426.21

中国版本图书馆 CIP 数据核字（2017）第 286265 号

出版发行：中国电力出版社
地　　址：北京市东城区北京站西街 19 号（邮政编码 100005）
网　　址：http：//www.cepp.sgcc.com.cn
责任编辑：孙世通（010-63412326） 盛兆亮
责任校对：闫秀英
装帧设计：张俊霞
责任印制：单　玲

印　　刷：北京盛通印刷股份有限公司
版　　次：2017 年 11 月第一版
印　　次：2017 年 11 月北京第一次印刷
开　　本：787 毫米×1092 毫米　16 开本
印　　张：5.75
字　　数：105 千字
定　　价：45.00 元

主要编写人员

王志轩　潘　荔　安洪光　刘志强　李云凝
石丽娜　杨　帆　张　博　张晶杰　孟　清

前言

电力工业是经济社会发展的重要支柱，也是关系国计民生的基础产业，同时电力也是便于输送、分配、转换的二次能源和使用方便的清洁能源。由于中国富煤、贫油、少气的资源禀赋，决定了煤炭是能源的重要组成部分，而煤电是电力的主要组成构成。2016年，中国煤电装机比重占总装机的57.3%，煤电发电量占总发电量的65.5%。

煤炭的清洁利用关乎中国乃至全球经济与环境的协调发展。在煤炭众多的利用方式中，将煤炭转化为电力是提高煤炭利用效率、减少煤炭污染物排放、降低煤炭对环境质量影响的最有效方式，是国际上的通行做法和成功经验。长期以来，发电用煤占煤炭消费的比重在50%左右，《能源发展“十三五”规划》提出，到2020年电煤占比提高至55%以上。

中国煤电长期致力于发电技术、污染物控制技术的创新发展，煤电污染物排放控制水平（包括废气、废水排放控制，固体废物综合利用）、资源利用水平（包括能耗、水耗等）、二氧化碳排放控制水平等已经达到世界先进水平，部分领域甚至达到世界领先水平。

为了让社会、公众全面了解中国煤电清洁发展情况，中国电力企业联合会编制了《中国煤电清洁发展报告》。该报告全面展现了煤电行业污染物治理、应对气候变化、节能降耗等方面的工作和成效，同时对煤电清洁发展进行了展望。当前，困扰中国的主要是灰霾等大气环境污染问题，本报告对煤电常规大气污染物排放控制进行了重点描述与分析。

编　者

2017年9月

摘　要

《中国煤电清洁发展报告》阐述了中国煤电的发展现状及在现代能源体系中的作用，全面梳理了煤电清洁发展的行动和措施，系统展现了煤电清洁发展的成效，并对煤电清洁发展进行了展望。报告共分为5章：

第1章煤电发展状况，从能源与煤炭、电力与煤电、煤电与供热、煤电与电价四个角度进行阐述。电能占终端能源消费比重和煤炭转化为电力比重是衡量一个国家现代化水平和煤炭清洁化利用水平的重要标志，中国以煤为主的资源禀赋决定了能源消费以煤为主的格局，也决定了以煤电为主的电力生产和消费结构。长期以来，煤电发挥着电力安全稳定供应、应急调峰、集中供热等重要的基础性作用，同时也是平衡电价的坚实基础。根据中国电力企业联合会（CEC）统计，截至2016年年底，发电装机容量达16.5亿千瓦，其中煤电装机容量9.5亿千瓦，占发电装机总量的57.3%；发电量达6.0万亿千瓦时，其中燃煤发电量约3.9万亿千瓦时，占总发电量的65.5%。

第2章煤电清洁发展行动，从装备技术水平、污染治理技术水平两个方面展示了煤电清洁发展所做的主要工作。作为以煤电为主的电力系统，中国长期致力于发电技术、污染物控制技术的创新发展。在发电装备技术方面，中国的超超临界常规煤粉发电技术达到世界先进水平，空冷技术、循环流化床锅炉技术达到世界领先水平。截至2016年年底，中国已投产百万千瓦等级机组达到96台，30万千瓦以上火电机组比例由1995年的27.8%增长至2016年的79.1%。在污染治理技术方面，中国燃煤电厂燃煤煤质复杂，燃煤平均发热量与挥发分偏低、硫分和灰分偏高，二氧化硫、烟尘和氮氧化物的原始生成浓度较高，且大多为环保技术改造项目，通过自主研发和引进消化吸收再创新，燃煤电厂大气污染物控制装置形成了全覆盖，治理技术总体达到世界先进水平，部分领域达到世界领先水平。

第3章煤电清洁发展成效，从大气污染物排放量快速下降、发电效率持续提高、碳排放强度不断下降、耗水与废水排放量逐年减少、固废综合利用水平不断提高、煤电清洁发展国际比较六个方面系统展现了煤电污染治理、节能降耗、应对气候变化等方面的成效。在污染治理方面，2016 年单位火电发电量烟尘、二氧化硫、氮氧化物排放量分别降至 0.08 克、0.39 克和 0.36 克，达到世界先进水平；1979～2016 年，火电发电量增长 17.5 倍，烟尘排放量比峰值 600 万吨下降了 94%，二氧化硫排放量比峰值 1350 万吨下降了 87%，氮氧化物排放量比峰值 1000 万吨左右下降了 85%，为实现全国“十一五”“十二五”污染物减排目标做出了巨大贡献；煤电废水排放、固体废物综合利用水平逐年提高。在能效方面，2016 年中国火电供电煤耗降至 312 克/千瓦时，发电水耗降至 1.3 千克/千瓦时，达到世界先进水平。在应对气候变化方面，碳排放强度不断下降，碳排放控制水平显著提升，2016 年中国火电单位发电量二氧化碳排放量降至 822 克/千瓦时，比 2005 年下降了 21.6%，为中国和全球环境保护事业做出了重大贡献。

第 4 章煤电清洁发展展望，从绿色低碳是能源发展的大趋势、煤电将持续发挥基础性和灵活性电源作用、煤电清洁发展的任务依然艰巨三个角度进行了阐述。绿色低碳是能源发展的大趋势，非化石能源将逐步替代化石能源，化石能源的能效水平及污染物控制水平将持续提高。预计中国非化石能源占能源消费比重将由 2015 年的 12%提高至 2030 年的 20%，煤电机组供电煤耗由 2015 年的 318 克/千瓦时降至 2020 年 310 克/千瓦时以下。中国煤电将持续发挥基础性和灵活性电源作用，当前乃至二三十年内煤电仍是提供电力、电量的主体。尽管煤电清洁发展取得巨大成效，常规污染物将保持在较低排放量水平并持续下降，但在节能减排方面依然面临着艰巨的任务，尤其是碳排放将成为煤电重要的制约因素。

第 5 章对前文进行了系统归纳和总结，包括：中国以煤为主的资源禀赋决定了能源消费以煤为主的格局，也决定了以煤电为主的电力生产和消费结构；煤电在当前电力安全稳定供应、应急调峰、集中供热、平衡电价中发挥着基础性作用；中国燃煤发电技术已经达到世界先进水平，部分领域达到世界领先水平；中国燃煤电厂污染物实现了严格管控；中国煤电清洁发展取得了巨大成效，污染物排放绩效达到世界先进水平；绿色低碳是能源发展的大趋势；煤电将持续发挥基础性和灵活性电源作用；煤电清洁发展的任务依然艰巨。

Abstract

Clean Development of Coal-Fired Power in China illustrates the current situation of coal-fired power generation in China and its role in the modern energy system, comprehensively reviews the actions and measures for the clean development of coal-fired power, and systematically demonstrates the achievements, which is followed by an outlook of the clean development for coal-fired power. The report is presented in five chapters.

Chapter one illustrates the current situation of coal-fired power generation from perspectives of energy and coal, electric power and coal-fired power, coal-fired power and heating, as well as coal-fired power and electricity tariff. The ratio of electricity consumption to end-use energy consumption and the proportion of coal that converted to electricity are key indicators to evaluate the modernization of a country and the clean utilization of coal. The characteristic of the energy resource in China, in which coal predominates, determines that coal consumption is in the majority of the energy consumption, and it also determines the primary position for coal-fired power in power generation and consumption pattern. Over a long period of time, coal-fired power has been playing an essential role in the safe and stable supply, emergency peak and central heating of electric power. Moreover, it is also the solid foundation for balancing electricity tariff. According to the statistics provided by China Electricity Council (CEC), the installed capacity reached 1650GW by the end of 2016, in which 946GW were from coal-fired power, corresponding to 57.3% of the total amount. 6.0 trillion kWh electricity were generated, to which coal-fired power contributed 3.9 trillion kWh, corresponding to 65.5% of the total amount.

Chapter two comprehensively reviews main actions for the clean development of coal-fired power from equipment techniques and pollution control technology. Since coal-fired power is predominant in the power system, China has long been devoted to innovative development of power generation technology and pollution control technology. In terms of power generation equipment techniques, China not only has the world-leading ultra-supercritical conventional pulverized coal-fired power generation technique, but also has the world advanced air cooling and Circulated Fluidized Bed (CFB) techniques. By the end of 2016, China has 96 units with 1GW each went into operation, and the percentage of 300 MW thermal power units increased to 79.1% from 27.8% in 1995. In terms of the pollution control technology, through independent research and development and introduction-absorption-innovation, pollutant control devices have been all over applied and the overall control techniques of coal-fired power plants has reached an advanced level in the world, some of which leading the world, even with the complicated quality, low average calorific value and volatile matter, and the high sulpher and ash contents of coal being used for coal-fired power plants in China (creating more SO_2, dust and NO_x), and with most environmentally-friendly projects being renovation projects.

Chapter three systematically demonstrates the achievements of the clean development for coal-fired power in pollution control, energy conservation, consumption reduction, and dealing with climate change from aspects of the reductions of air pollutant emission, improvement of power generation efficiency, decrease of carbon emission intensity and water consumption and wastewater discharge, the increase of solid waste utilization, and international comparison of coal-fired power clean development. In terms of pollution control, the amount of dust, SO_2, and NO_x emission per unit thermal power generation in 2016 was 0.08g, 0.39g, and 0.36g respectively, reaching the world advanced level. From 1979 ~ 2016, the electricity generation from thermal power increased by 17.5 times, whereas the emission of dust has decreased by 94% from the peak value which was 600 million tons, the emission of SO_2 has decreased by 87% from the peak value which was 1350 million tons, and the emission of NO_x has decreased by 85% from the peak value which was 1000 million tons. The reduction of the air pollutant emission has made great contribution for the country to achieve the objectives of the 11th Five-Year Plan and the 12th Five-Year Plan, and the wastewater treatment of coal-fired power and coal ash utilization has improved gradually. In terms of energy efficiency, coal consumption for thermal power supply in 2016 decreased to 312g/kWh, and water consumption for power generation decreased to 1.3 kg/kWh, which met the world advanced standard. In terms of dealing with climate change, the intensity of carbon emission continued declining, and the carbon emission control significantly improved, which contributed greatly for the environmental protection both nationally and globally. For example, the amount of CO_2 emission per unit thermal power generation was 822g/kWh in 2016, which was decreased by 21.6% from that in 2015.

Chapter four presents an outlook of the clean development for coal-fired power, and is explained with regards to the green and low-carbon energy development that to be a general trend, coal-fired power that will continue its role as an essential and flexible power source, and the clean development of coal-fired power that is still challenging. Green and low-carbon energy development is a general trend, where non-fossil energy will gradually replace fossil fuels, and the efficiency of fossil fuel and pollutant control will continue to improve. The ratio of non-fossil fuel consumption to energy consumption in China is expected to increase from 12% in 2015 to 20% in 2030, and the coal consumption for power supply of coal-fired power unit is expected to decrease from 318g/kWh in 2015 to 310g/kWh in 2020. Coal-fired power in China will continue its role as an essential and flexible power source and remain the main body to provide power and electricity over two to three decades. However, despite the great success of clean development that the coal-fired power has achieved and continuous declining low emissions of conventional pollutants, clean development of coal-fired power on the energy saving and emission reduction aspect is still challenging, especially carbon emissions that will become a critical constraint to coal-fired power generation.

Chapter five summarizes this report, including that the coal-based resource endowmenet of China determines the primary position of coal in the energy consumption, and coal-fired power in the power generation and consumption pattern; Coal-fired power plays a fundamental role in the safe and stable supply, emergency peak and central heating of electric power, as well as for balancing electricity tariff; Coal-fired power generation technology of China has reached an advanced level in the world, and in some area even leading the world; Pollutants of coal-fired power plants in China have been under strict control; Clean development of coal-fired power in China has achieved remarkable success, and the pollutant emission performance has reached the world advanced level; Green and low-carbon energy development is a general trend, while coal-fired power will continue being as an essential and flexible power source; Conventional pollutants from coal-fired power are no longer constraints for the development of coal-fired power whereas carbon will become a major one.

目 录

1 煤电发展状况

电能占终端能源消费比重和煤炭转化为电力比重是衡量一个国家现代化水平和煤炭清洁化利用的重要标志，中国以煤为主的资源禀赋决定了能源消费以煤为主的格局，也决定了以煤电为主的电力生产和消费结构。长期以来，煤电发挥着保障电力安全稳定供应、应急调峰、集中供热等重要的基础性作用，同时也是平衡电价水平的坚实基础。

1.1 能源与煤炭

1978 年改革开放以来，尤其是近十年以来，中国一次能源生产总量和消费总量快速提高。2016 年中国能源生产总量达到 34.6 亿吨标准煤当量，能源消费总量达到 43.6 亿吨标准煤当量。其中，原煤生产占能源生产总量的 69.6％、煤炭消费占一次能源消费总量的 62.0％。根据英国 BP 石油公司（简称 BP）的数据，中国从 2009 年开始成为世界第一大能源消费国，2016 年中国能源消费总量占全世界的 23.0％。

1978～2016 年中国能源生产总量及构成、消费总量及构成分别见图 1-1、图 1-2。

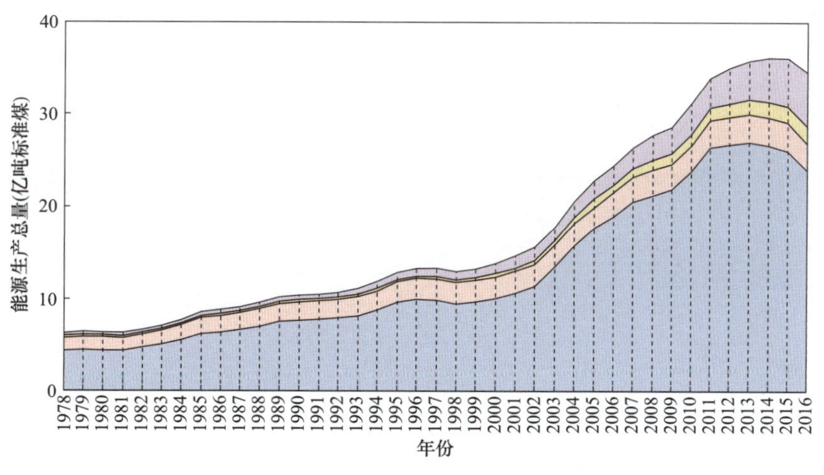

图 1-1　1978～2016 年中国能源生产总量及构成

□ 一次电力及其他能源　□ 天然气　□ 原油　□ 原煤

注：数据来源于国家统计局。

伴随中国经济的发展，煤炭消费持续增长，中国 2013 年煤炭消费量达到顶峰 28.1 亿吨标准煤当量，近几年来缓慢下降，煤炭占一次能源消费的比重由 1990 年最高时的

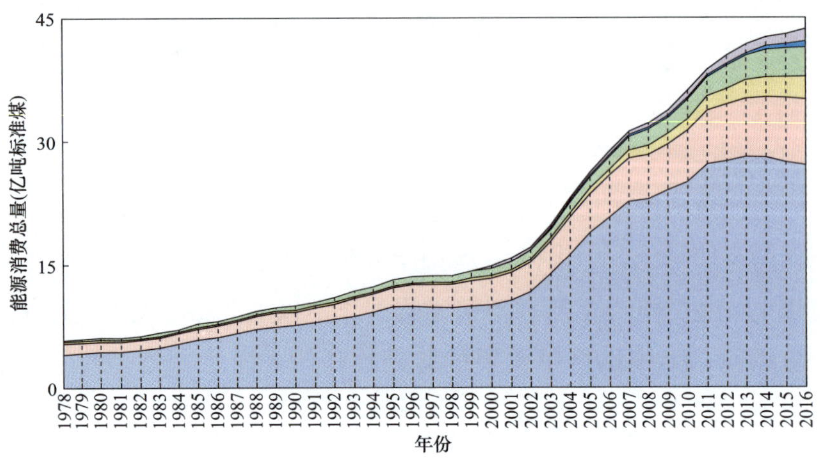

图 1-2　1978～2016 年中国能源消费总量及构成

注：数据来源于国家统计局。

76.2%降至 2016 年的 62.0%。

1978～2016 年中国原煤及煤炭占一次能源生产量及消费量比重见图 1-3。

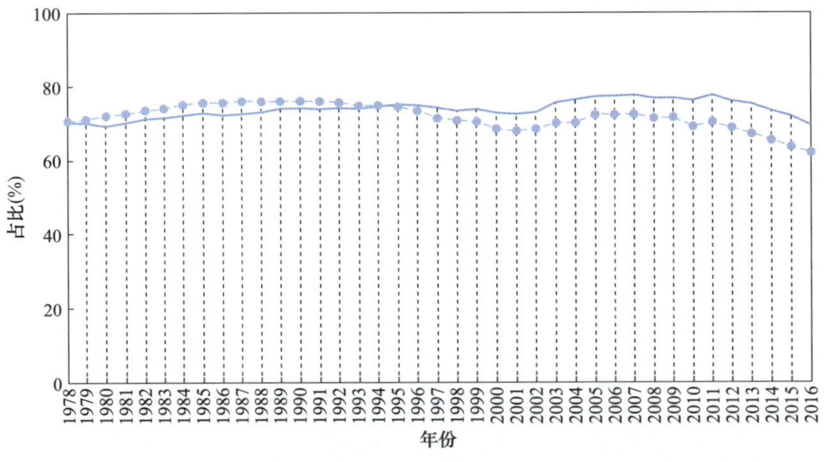

图 1-3　1978～2016 年中国原煤及煤炭占一次能源生产量及消费量比重

注：数据来源于国家统计局。

根据 BP 数据，2016 年世界一次能源消费中煤炭占比 28.1%，中国一次能源消费中煤炭占比高达 62.0%，凸显煤炭在中国能源消费中的主体地位。

2016 年中国与世界一次能源消费结构情况见图 1-4。

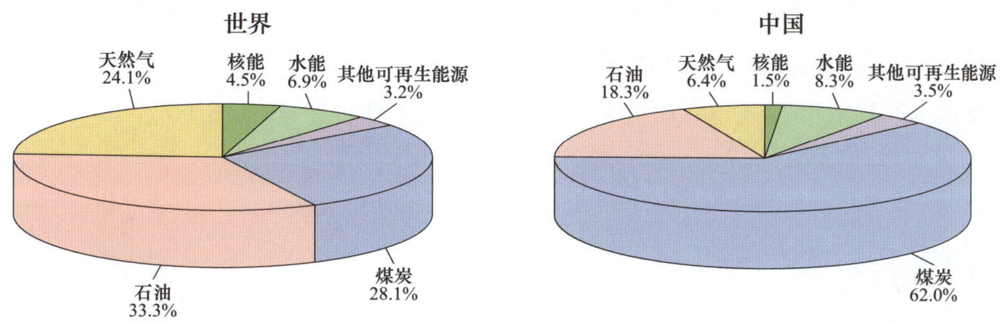

图 1-4　2016 年中国与世界一次能源消费结构情况

注：数据来源于 BP、国家统计局。

1.2　电力与煤电

电力与经济社会发展密切相关，是经济发展的先行官，是重要的生产资料和生活资料。从改革开放初期全国饱受频繁停电之苦发展到目前的城市年平均停电小时低于 5 小时（城市供电可靠性达到 99.95%左右），可以说，电力发展对中国国民经济的快速增长发挥了强有力的支撑作用。2016 年中国国内生产总值（GDP）为 74.4 万亿元，全社会用电量 5.97 万亿千瓦时，形象地说每创造 12.5 元的 GDP 就有 1 千瓦时（度）电的贡献。

1978～2016 年中国发电量增速与 GDP 增速情况见图 1-5。

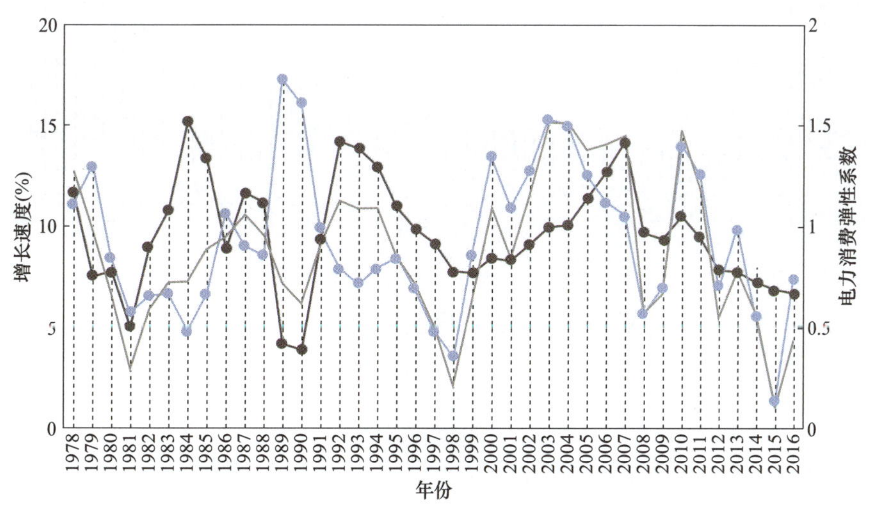

图 1-5　1978～2016 年中国发电量增速与 GDP 增速情况

国内生产总值增长速度　发电量增长速度　电力消费弹性系数

注：数据来源于国家统计局。

改革开放以来，中国电力工业的发展规模、发电质量实现了突飞猛进的发展。1978～

2016 年，中国发电装机容量及发电量分别从 5712 万千瓦、2566 亿千瓦时提高至 16.51 亿千瓦、6.02 万亿千瓦时，分别提高了 29 倍、23 倍。

1978～2016 年中国发电装机容量、发电量情况分别见图 1-6、图 1-7。

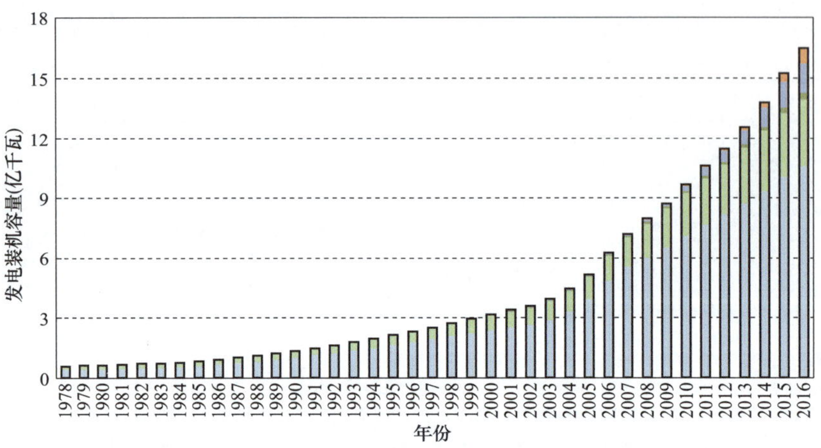

图 1-6　1978～2016 年中国发电装机容量情况

注：数据来源于中电联。

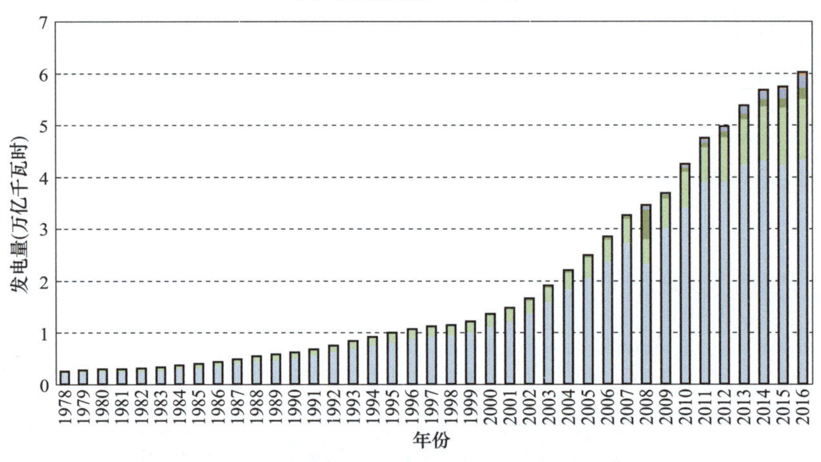

图 1-7　1978～2016 年中国发电量情况

注：数据来源于中电联。

专栏　中国电力在世界电力中的位置

从全世界范围看，中国从 2010 年开始发电量居世界第一位，从 2011 年开始发电装机容量居世界第一位。2015 年世界发电装机容量约 62.7 亿千瓦，其中，中国发电装机容量 15.3 亿千瓦，占世界的 24.4%；美国发电装机容量居世界第二位，装机容量

11.7亿千瓦，占世界的18.7%；印度、俄罗斯、日本发电装机容量超过2亿千瓦。根据BP统计，2016年世界发电量约24.8万亿千瓦时，中国占世界24.8%、美国占17.5%、印度占5.6%。

部分国家发电装机容量和发电量占比情况见图1-8。

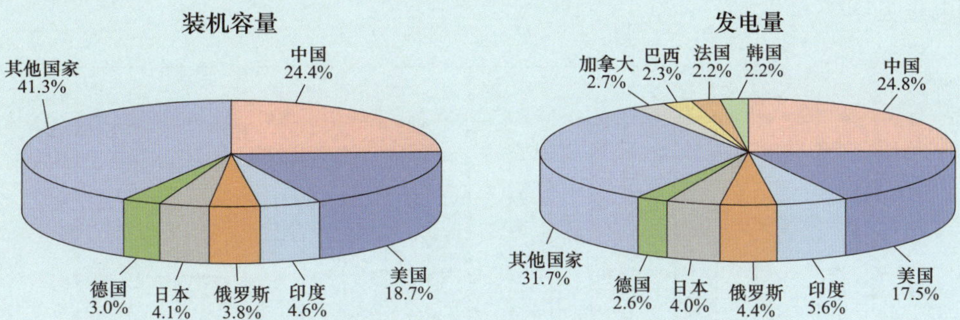

图1-8 部分国家发电装机容量和发电量占比情况

注：发电装机容量为2015年数据，发电量为2016年数据；数据来源于IEA、BP。

世界各国发电量的结构与一次能源消费结构具有一致性。如，法国以核电为主，加拿大以水电为主，中国、美国、德国、日本以火电为主（2015年分别占比73.7%、66.9%、53.5%、81.7%）。以火电为主的国家由于煤炭、石油、天然气的禀赋不同，其火电构成相差较大，中国、德国以煤电为主（2015年煤电发电量占火电发电量比重分别为92.1%、80.9%），美国、加拿大煤电和气电相当，日本、法国则气电比煤电的比重大。

世界部分发电大国发电量构成见图1-9。

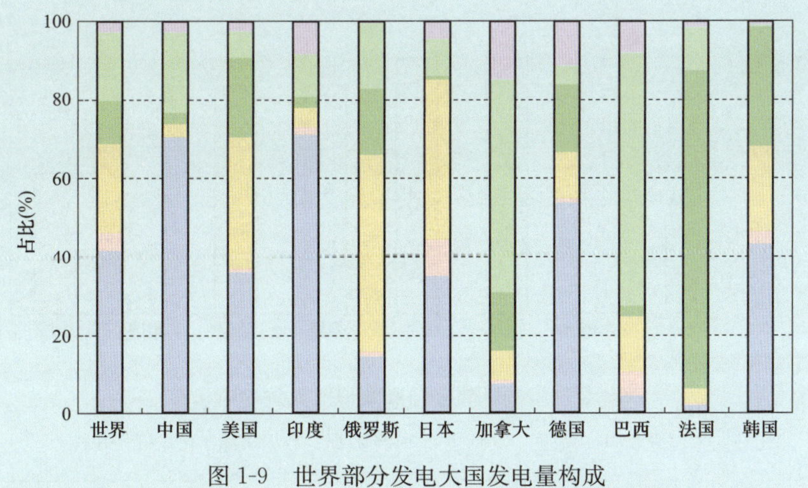

图1-9 世界部分发电大国发电量构成

□煤电 □油电 □气电 □核电 □水电 □其他可再生能源

注：世界为2014年数据，各国家为2015年数据；数据来源于IEA、中电联。

普遍观点认为，电力占终端能源消费比重和人均用电量高低是反映一个国家发达程度的重要标志。目前，中国电力占终端能源消费的比重高于世界平均水平；中国人均用电量高于世界平均水平，但低于世界发达国家水平。

世界部分国家电力占终端能源消费的比重情况见图 1-10；世界部分国家及地区人均用电量见图 1-11。

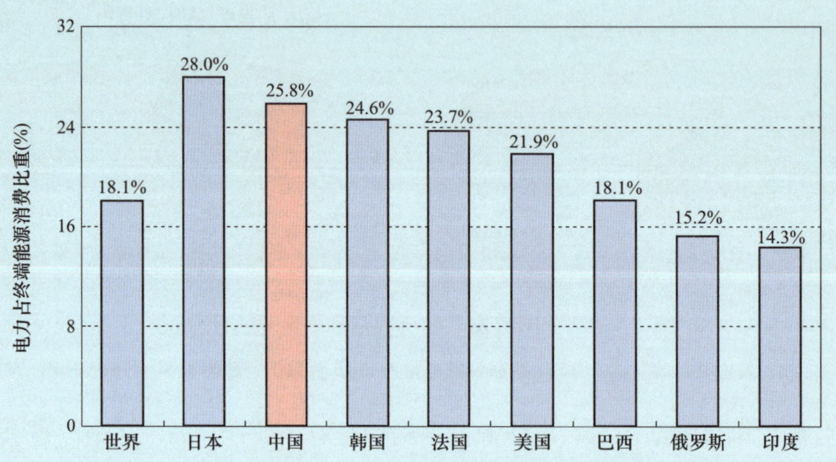

图 1-10　世界部分国家电力占终端能源消费的比重情况

注：中国为 2015 年数据，其他为 2014 年数据；数据来源于《电力发展“十三五”规划》、IEA。

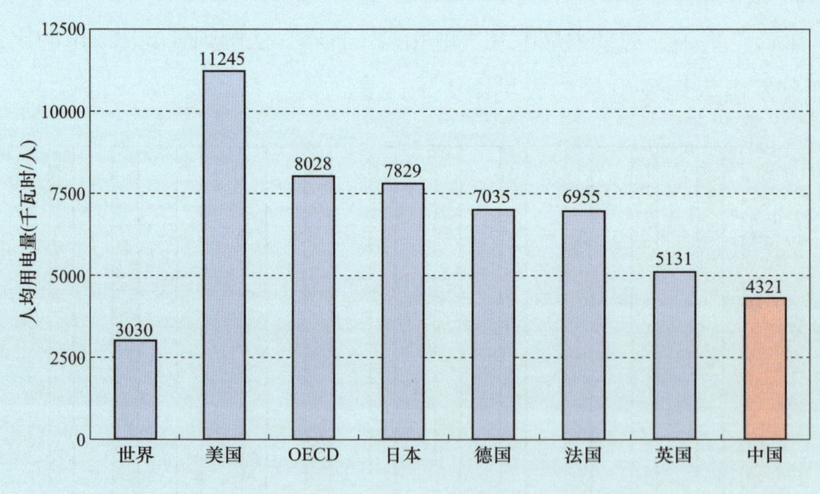

图 1-11　世界部分国家及地区人均用电量

注：中国为 2016 年数据，其他为 2014 年数据；数据来源于中电联、IEA。

从图 1-6、图 1-7 可以看出，中国火电在总装机容量与总发电量中的占比高，在满足能源电力需求上发挥了巨大作用。虽然近十年可再生能源发电迅猛增长，但火电的主体地位没有改变，2016 年火电装机容量占比仍达到 64.3%，发电量占比达到 71.8%。

1978～2016 年中国火电装机及发电量比重变化情况见图 1-12。

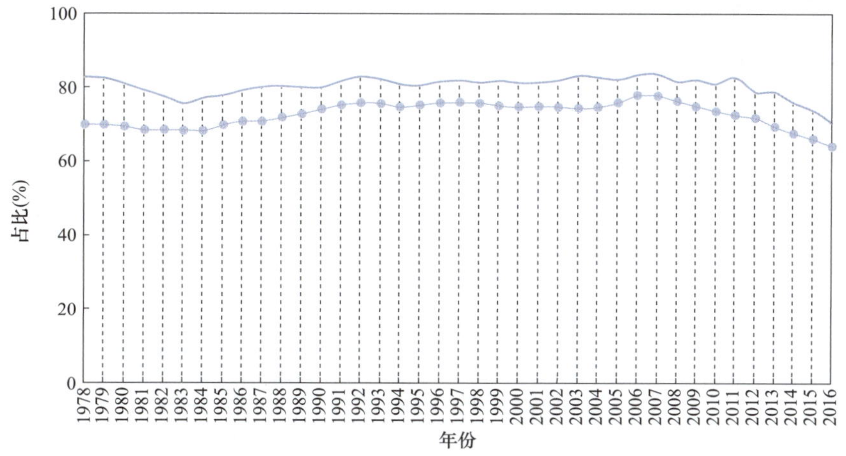

图 1-12　1978～2016 年中国火电装机及发电量比重变化情况

注：数据来源于中电联。

煤电装机占总装机容量的比重由 2009 年的 67.7%降至 2016 年的 57.3%，燃煤发电量占比由 2009 年的 77.0%降至 2016 年的 65.5%。从全国平均角度看，2016 年每 1 千瓦时电量中有 0.66 千瓦时是由燃煤电厂发出的。可以说，煤电仍然是中国电力供应的主力电源和基础电源。

2016 年中国发电装机容量与发电量结构见图 1-13。

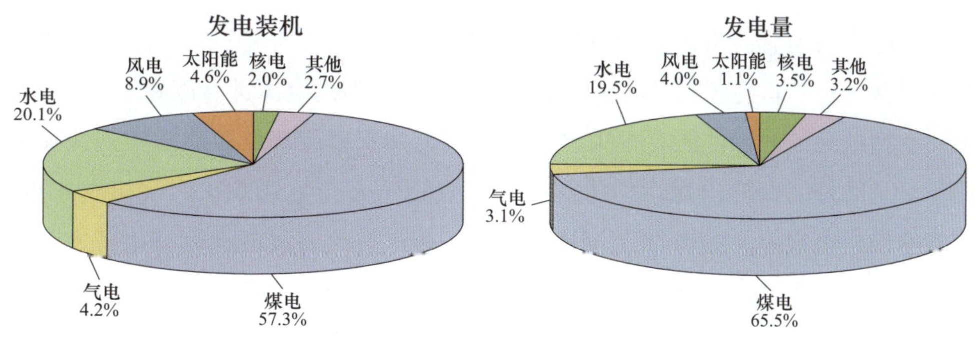

图 1-13　2016 年中国发电装机容量与发电量结构

注：数据来源于中电联。

降低煤炭在能源消费结构中的比重，大幅提高非化石能源比重是中国近年能源转型的主要工作。水电长期是我国的第二大电源，伴随风电、太阳能发电等技术的成熟以及政策的支持，从“十一五”开始，风电、太阳能发电等新能源发电快速发展。风电及太阳能发电装机容量由 2005 年的 105.6 万千瓦增长至 2016 年的 2.24 亿千瓦，增长超过 210 倍；发电量由 2005 年的 16.4 亿千瓦时增长至 2016 年的 3074 亿千瓦时，增长近 190 倍，增速明显高于全国电力平均水平。

中国风电、太阳能发电装机及发电量增速情况见图 1-14。

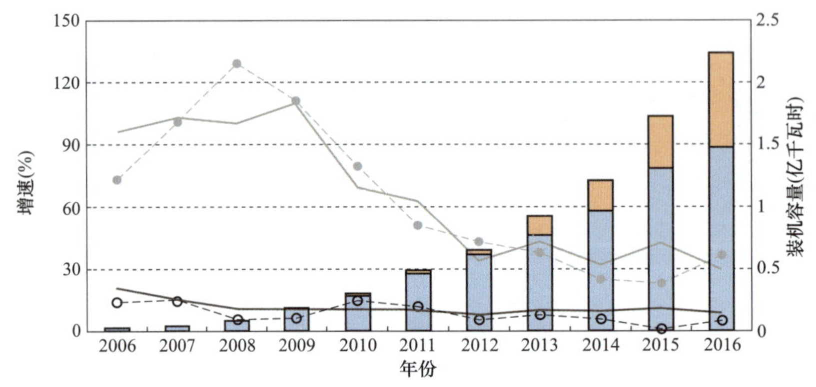

图 1-14　中国风电、太阳能发电装机及发电量增速情况

注：数据来源于中电联。

随着风电、太阳能发电等新能源加速发展和用电负荷特性变化，系统对调峰容量的需求不断提高。一方面，随着国家产业结构调整步伐加快，第三产业和居民用电比例逐步上升，使得系统峰谷差不断加大，电网最大峰谷差接近甚至超过用电负荷的 1/3，导致系统面临的调峰压力日益增大；另一方面，风电、太阳能发电等非水可再生能源在提供大量清洁电力的同时，由于其随机性、间歇性和不稳定性等特点，在参与电力平衡时有效容量通常只有装机容量的 5%～10%，需要其他类型的电源进行调峰。

不同类型电源的调峰性能有很大差异，燃气、抽水蓄能等电源能够实现快速启停和大幅调节，是最好的调峰电源，但中国受天然气通道及价格影响，燃气机组比重很低，抽水蓄能的容量也很小。2015 年美国抽水蓄能、燃气机组等灵活性调节电源容量占总装机容量的 44%，是风电装机的 7.9 倍；同比中国灵活性调节电源的比例仅为 5.8%，是风电装机的 68%。因此，在现有的资源条件下，煤电是中国最重要、最可靠的调峰电源。如 2017 年 7 月，中国部分地区受高温天气影响用电负荷急剧上升，煤电机组快速响应，有效缓解了用电紧张形势。以华北电网负荷为例，2017 年 7 月 12 日 16 时，华北地区普遍高温炎热，华北电网最大负荷达到 21385 万千瓦，创历史新高，华北地区燃煤发电机组全部满负荷运行，有效减少尖峰缺电问题。

2015 年中美灵活性电源与风电装机容量占比情况见图 1-15。

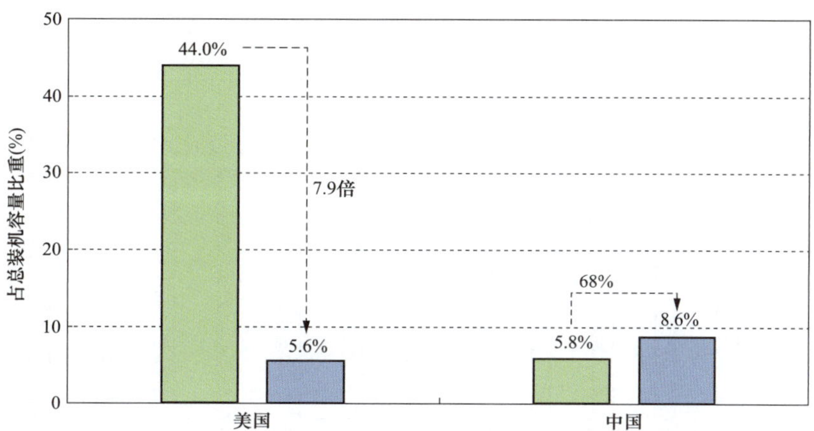

图 1-15 2015 年中美灵活性电源与风电装机容量占比情况

灵活性调节电源(抽水蓄能、燃气机组等) 风电

注：数据来源于中电联、美国能源信息署（EIA）。

1.3 煤电与供热

煤电机组除供应电力外，也可为电厂周边居民及工业企业供应蒸汽或热水，供热机组在中国北方地区普遍应用。2005 年以来，供热机组比例逐年提高，6000 千瓦以上供热机组的比例由 2005 年的 14.2%提高至 2016 年的 37.0%，供热量由 2005 年的 19.3 亿吉焦耳增长至 2016 年的 38.6 亿吉焦耳。

2005～2016 年中国供热机组占火电装机比重情况见图 1-16，2005～2016 年中国供热机组供热量情况见图 1-17。

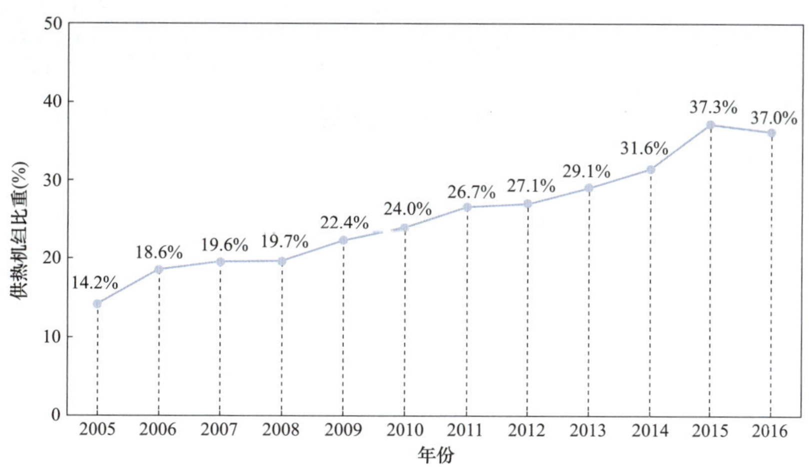

图 1-16 2005～2016 年中国供热机组占火电装机比重情况

注：数据来源于中电联。

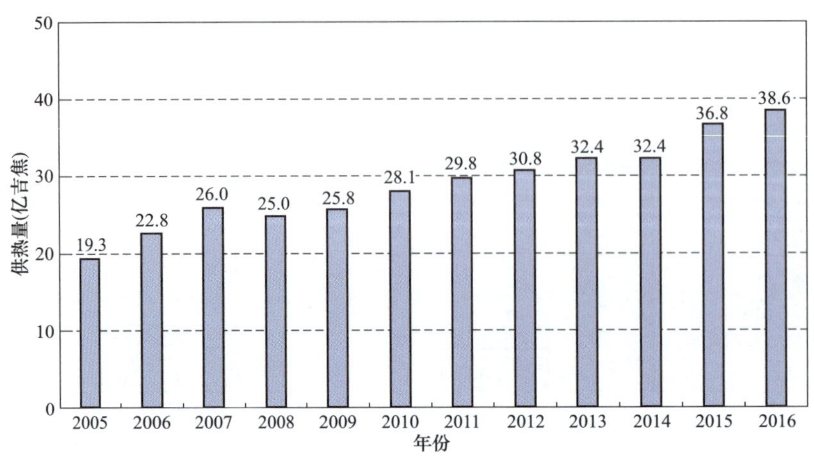

图 1-17　2005～2016 年中国供热机组供热量情况

注：数据来源于中电联。

专栏　燃煤供热机组

燃煤供热机组（当热电比达到国家相关规定时可称为热电联产机组）利用高品质的能量发电、较低品质的能量供热（减少汽轮机冷端热损失），可实现能量的梯级利用，提高能源利用效率，供热期供电机组的煤耗明显低于同容量同压力等级纯凝机组。以天津某厂 2 台 30 万千瓦亚临界热电联产机组为例，非供热期电厂供电煤耗 316 克/千瓦时左右，供热期（热电比 62%）供电煤耗降至 286 克/千瓦时，下降 30 克/千瓦时。

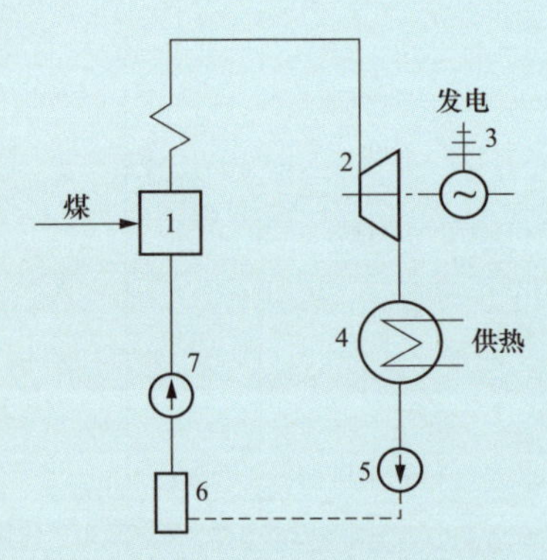

图 1-18　背压式供热机组

1—锅炉；2—凝汽式汽轮机；3—发电机；4—凝汽器；5—凝结水泵；6—除氧器水箱；7—锅炉给水泵

根据抽汽方式的不同，供热机组主要分为两种类型，一种是采用背压式汽轮机，即背压供热机组（见图 1-18）；另一种为抽汽凝汽式汽轮机，即抽凝式供热机组（见图 1-19）。其中，背压式汽轮机的排汽全部用于供热，虽然发电量相对较少，但是机组总的能量利用效率可以达到 70%～85%，受蒸汽热力管网制约，背压式汽轮机一般只适合小机组。对于季节性采暖机组一般采用抽汽凝汽式供热方式。

不同机组能量平衡示意见图 1-20。

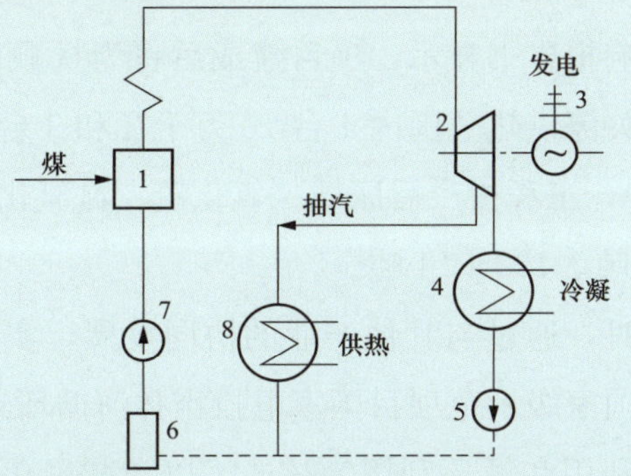

图 1-19 抽凝式供热机组

1—锅炉；2—凝汽式汽轮机；3—发电机；4—凝汽器；5—凝结水泵；
6—除氧器水箱；7—锅炉给水泵；8—换热器

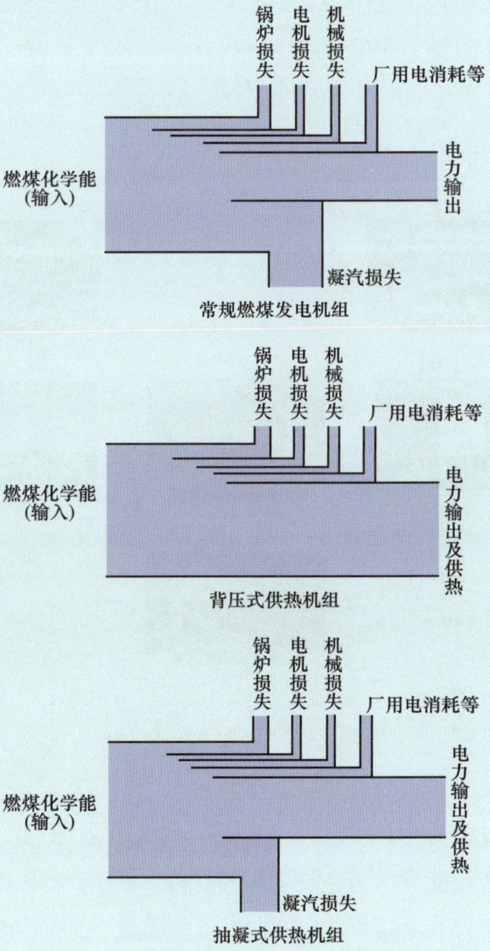

常规燃煤发电机组

背压式供热机组

抽凝式供热机组

图 1-20 煤电机组能量平衡示意图

此外，供热机组替代大量污染物控制水平低的采暖供热锅炉，已经成为解决北方城市散煤污染的最有效方式。以辽宁某热电厂“上大压小”新建项目（2 台 30 万千瓦机组）为例，该项目环境影响报告书显示，项目建成后将为抚顺市西部供热分区提供 1800 万平方米采暖供热，替代关停供热范围内 1 台 10 万千瓦和 2 台 2.5 万千瓦供热机组、10 处锅炉房的 27 台燃煤锅炉，工程投产后区域二氧化硫、氮氧化物、烟尘年排放总量分别下降 3934.83 吨、3510.1 吨、1325.24 吨。

煤电在自身发展的同时，通过与其他产业的协同发展，实现了经济效益、社会效益和环境效益的最大化。以国家级示范项目国家电投霍林河循环经济示范工程（见图 1-21）为例，该项目以资源高效利用和循环利用为核心，以“减量化、再利用、再循环”为原则，建成了“煤、电、热、铝、路、港”协同发展的循环经济产业集群。产业集群内建设有 80 万千瓦风电及一定规模的太阳能光伏发电和 2 台 35 万千瓦以劣质煤为主要燃料的空冷煤电机组，并配套建设了局域电网以及控制中心，实现了煤分级利用、水综合利用、电热联合利用、铝资源储备利用等。

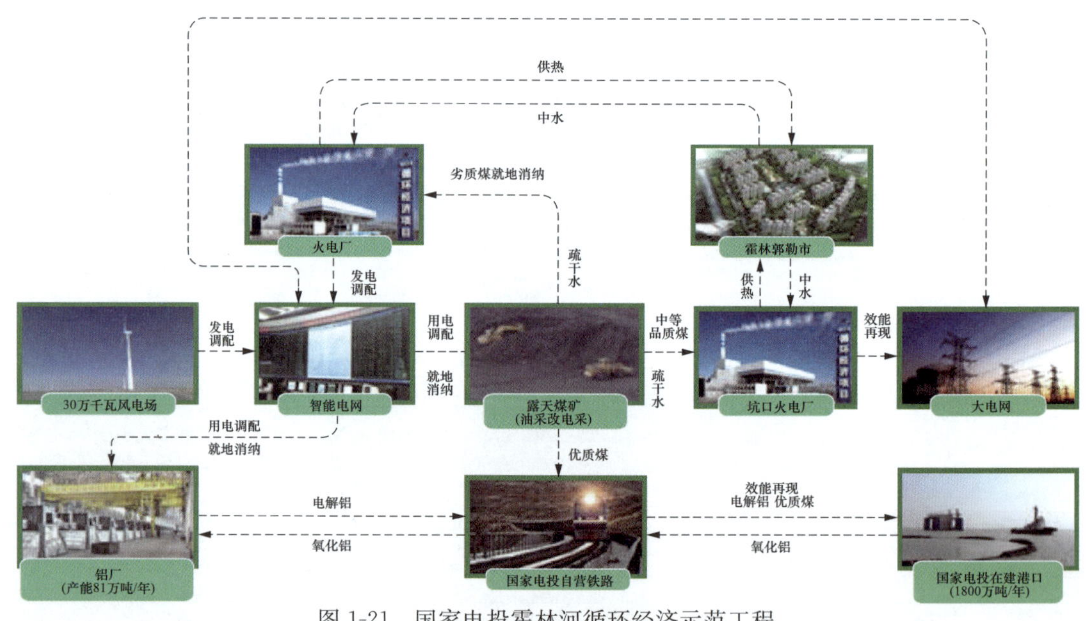

图 1-21　国家电投霍林河循环经济示范工程

1.4　煤电与电价

煤电在支撑用电和用热需求的同时，还发挥了稳定当前电力价格水平的作用。尽管风电、太阳能发电等非化石能源发电成本逐年下降，但与煤电相比价格仍然较高。2016 年中国煤电平均标杆电价为 0.3644 元/千瓦时（含脱硫、脱硝和除尘电价），其中西北煤电基地平均标杆电价为 0.2918 元/千瓦时。中国煤电平均标杆电价与水电基本相当，略低于核电，但比气电、风电、光伏发电等具有明显的价格优势，有效抑制了高成本非化石能源大规模发展所带来的用电成本提高（注：按 2016 年全国 6 万亿千瓦时发电量计算，发电上网电价及销售电价如均下降1分/千瓦时可节约全社会用电成本600亿元）。

各发电类型上网电价水平比较见图1-22。

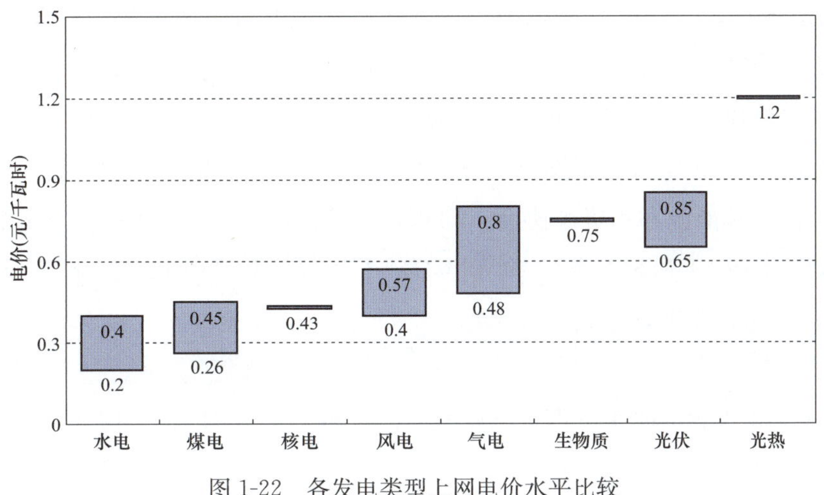

图1-22　各发电类型上网电价水平比较

注：时间截至2016年12月；数据来源于国家发展改革委及部分省市发电价格主管部门。

由于煤电与非水可再生能源发电之间有一定的价差，按照《可再生能源法》规定"电网企业按确定的上网电价收购可再生能源电量所发生的费用，高于按照常规能源发电平均上网电价计算所发生费用之间的差额，附加在销售电价中分摊"，即国家向电力用户征收可再生能源电价附加，用来支付非水可再生能源发电的上网电价超过煤电电价的差额，且这一差额由用户分摊。中国的可再生能源电价附加从2006年开始征收并快速提高，由2006年的0.1分/千瓦时上涨至2016年的1.9分/千瓦时，上涨幅度达到18倍。征收附加费是世界各国普遍的做法，以德国为例，在2000年前后，德国开始征收附加费，由当时不足1欧分/千瓦时增长至2015年的6.3欧分/千瓦时。

中国再生能源附加标准变化情况见图1-23。

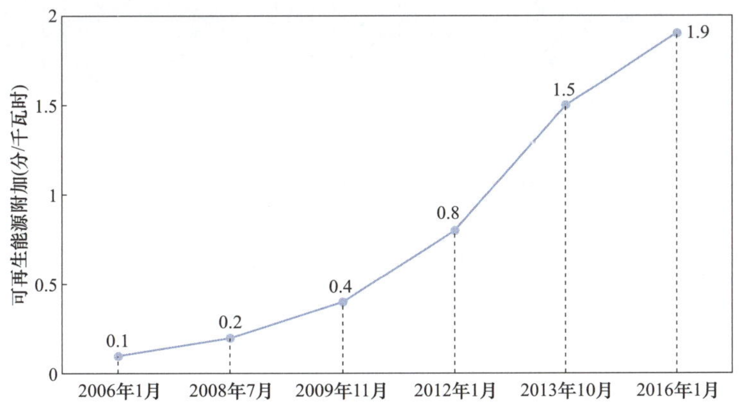

图1-23　中国可再生能源附加标准变化情况

注：数据来源于国家发展改革委等。

专栏　德国可再生能源发展及用电价格变化情况

根据BP统计，2000年以来德国可再生能源年发电量快速增长，非水可再生能源发电量由2000年的143亿千瓦时增至2013年的1283亿千瓦时，增长近8倍；非水可再生能源发电量比重由2000年的2.5%增至2013年的20.1%，增长17.6个百分点。可再生能源附加由2000年1欧分/千瓦时增至2013年5.28欧分/千瓦时。

根据德国联邦能源和水资源协会（BDEW）统计，2000～2013年，德国居民平均电价从13.64欧分/千瓦时上升至29.19欧分/千瓦时，上涨1.14倍，高出欧盟平均水平近50%；同期企业平均电价从6.04欧分/千瓦时上涨至14.87欧分/千瓦时，上涨1.46倍。

2000～2013年德国非水可再生能源发展、可再生能源附加、用电价格变化情况见图1-24。

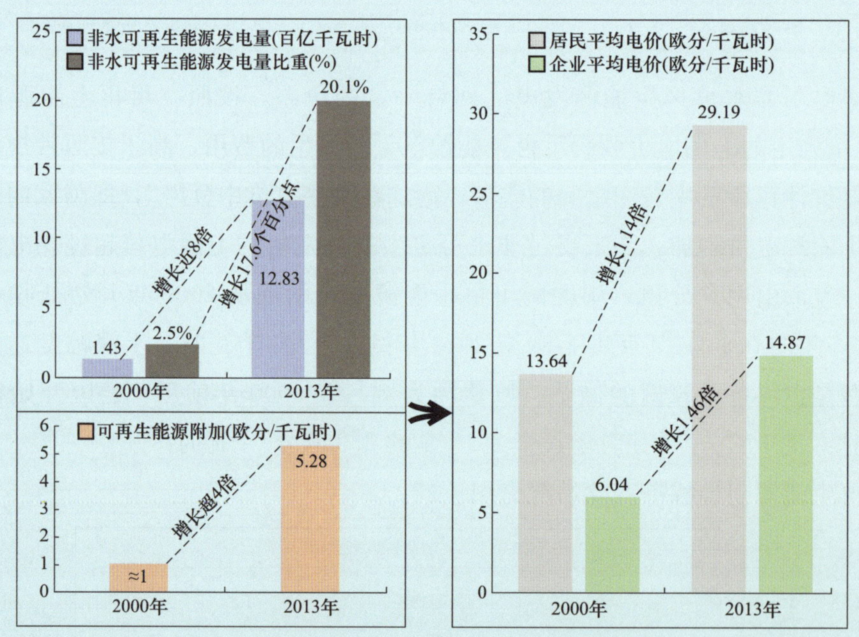

图1-24　2000～2013年德国非水可再生能源发展、可再生能源附加、用电价格变化情况

注：数据来源于BP、BDEW、《国家能源转型：德、美实践与中国选择》。

2 煤电清洁发展行动

中国作为燃煤发电大国，长期致力于发电装备技术、污染治理技术的创新发展。在发电装备技术方面，中国的超超临界常规煤粉发电技术达到世界先进水平，空冷技术、循环流化床锅炉技术达到世界领先水平。在污染治理技术方面，中国燃煤电厂燃煤煤质复杂，平均发热量与挥发分偏低、硫分和灰分偏高，二氧化硫、烟尘和氮氧化物的原始生成浓度较高，且大多为环保技术改造项目，通过自主研发和引进消化吸收再创新，燃煤电厂大气污染物治理技术总体达到世界先进水平，部分领域达到世界领先水平。

2.1 发电装备技术水平

改革开放以来，中国煤电装备技术水平快速提高，超超临界煤粉发电技术达到世界先进水平，大型空冷机组、循环流化床锅炉机组应用达到世界领先水平，节能技术全面普及应用。截至 2016 年年底，中国已投产百万千瓦等级机组达到 96 台，30 万千瓦以上火电机组比例由 1995 年的 27.8%增长至 2016 年的 79.1%。

2.1.1 煤电技术水平

改革开放以来，中国从只有少数 20 万千瓦机组，发展到目前以 30 万千瓦、60 万千瓦、100 万千瓦的大型国产发电机组为主力机组的电力供应系统，煤电实现了从低效到高效、从高排放到低排放（污染物）、从进口到国产的快速跨越历程，达到了世界先进甚至领先水平，煤电已经进入大容量、高参数、高效率、低排放的新时代。

标志性燃煤发电机组投产情况见图 2-1。

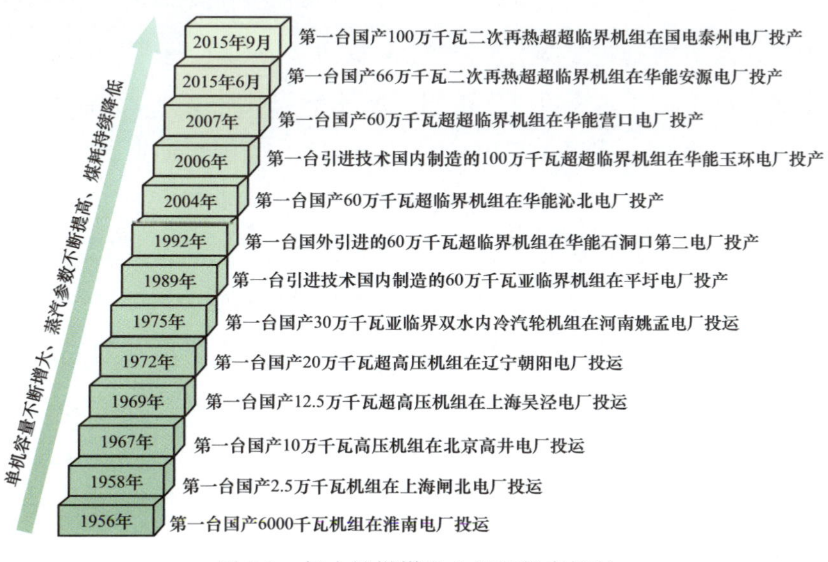

图 2-1　标志性燃煤发电机组投产情况

专栏　世界燃煤发电技术进展

燃煤发电是指利用煤炭燃烧释放的热能，加热锅炉中的工质—水，使其产生具有一定压力和温度的蒸汽，蒸汽的热能在汽轮机中转换为机械能，再通过发电机将机械能转换为电能的发电方式。随着发电设备设计和制造水平的提高，燃煤发电技术快速提升，主要体现在单机容量增加和蒸汽参数的提高、电厂容量的提高以及环境保护设施的日益完善（见 2.2 节）等方面。

1. 单机容量

20 世纪初，汽轮发电机组的单机容量为 1000 千瓦～1 万千瓦，1924 年到 5 万千瓦，1925 年到 10 万千瓦，1930 年到 20 万千瓦，1955 年到 30 万千瓦，1960 年到 50 万千瓦，1963 年到 70 万千瓦，1965 年到 100 万千瓦，1969 年到 110 万千瓦，1972 年到 130 万千瓦（双轴），1981 年到 120 万千瓦（单轴）。从 20 世纪 90 年代开始，随着技术的不断完善，大容量机组的等效可用系数已超过 92%，可用率已得到显著提高。世界上装有单机容量 80 万千瓦及以上机组的国家主要有美国、俄罗斯、日本、德国和中国，其中中国的百万千瓦等级机组最多。

2. 蒸汽参数

提高蒸汽参数是提高机组效率的主要措施。20 世纪初，汽轮机蒸汽参数一般为低压参数（主蒸汽参数为 1.28 兆帕/200～300℃）；20 世纪 30 年代开始采用中压参数（主蒸汽参数为 2.84 兆帕/400℃）和高压参数（主蒸汽参数为 8.6 兆帕/490℃）；20 世纪 40 年代初，欧美国家开始采用超高压参数（主蒸汽参数为 13.7 兆帕/500℃）和亚临界参数（主蒸汽参数为 15.9 兆帕/500℃）；20 世纪 50 年代开始，美国率先发展超临界参数（主蒸汽参数为 24 兆帕/540～560℃）和超超临界参数（主蒸汽压力大于或等于 27 兆帕，或主蒸汽压力大于或等于 24 兆帕且主蒸汽和再热蒸汽温度大于或等于 580℃）。1960 年在美国埃迪斯通（Eddystone）发电厂投运的 32.5 万千瓦 1 号机组，蒸汽参数达到 34.5 兆帕/650℃/566℃/566℃二次中间再热水平，后由于高温材料问题参数降低到 31 兆帕/610℃/560℃/560℃运行。在 20 世纪七八十年代，超临界机组的蒸汽温度基本保持在 540～560℃的范围。从 20 世纪 90 年代开始，由于环保要求日益严格，同时新材料开发成功，国际上超超临界机组得到了快速发展。蒸汽参数提高的下一阶段发展目标是使主蒸汽和再热蒸汽温度到达 700℃级别，国际上开展 700℃超超临界技术开发的地区和国家有欧盟、美国、日本和中国。此外，中国目前同时在开发应用二次再热、高低位布置等超超临界发电技术。

3. 电厂容量

电厂容量与单机容量、所在地区电网结构及电网规模密切相关。20 世纪 50 年代以前，各国火电厂的容量大多不超过 50 万千瓦；20 世纪 60 年代陆续出现容量超过 100 万千瓦的火电厂；20 世纪 60 年代中期之后，30 万～70 万千瓦机组得到大量应用，开始出现了容量超过 200 万千瓦的火电厂；随着单机容量增大为 80 万～130 万千瓦，20 世纪 70 年代中期电厂容量突破 300 万千瓦。截至 2017 年 8 月，大唐托克托电厂（见图 2-2）总装机达到 672 万千瓦，其中包括 8 台 60 万千瓦机组、2 台 66 万千瓦机组、2 台 30 万千瓦机组，为世界现役最大燃煤电厂。

图 2-2　大唐托克托电厂

注：资料来源于《中国电力百科全书》（第三版综合卷）及中国大唐集团公司网站。

中国燃煤发电机组的技术进步主要体现在以下三个方面：

一是超超临界机组发电技术达到世界先进水平。截至 2016 年年底，中国已投产百万千瓦等级机组达到 96 台。从世界范围看，中国超超临界机组在单机容量、蒸汽参数、机组效率、供电煤耗等方面均达到世界先进水平，并已实现出口，为我国电力企业推动国际产能和装备制造合作、持续推进“一带一路”战略打下了坚实的基础。

二是空冷发电机组技术应用达到世界领先水平。火电是中国取水量最大的行业之一，中国又是水资源短缺的国家，采用空冷发电技术是中国东北、华北、西北富煤贫水地区电力可持续发展的必然选择，具有显著的社会效益和经济效益。中国从“十五”开始出口空冷机组，2010 年全球首台百万千瓦级超超临界空冷机组在宁夏华电灵武电厂投产，该机组由中国自主研发、制造和建设，与同等容量湿冷机组耗水量相比，2 台 106 万千瓦空冷机组年可节水 2664 万吨，节水率达 80.6%，相当于近 80 万人一年的用水量。

三是循环流化床锅炉技术应用达到世界领先水平。循环流化床燃烧技术具有对煤种适应性广等优点，2013 年 4 月投运的四川白马循环流化床示范电站（简称神华国神白马电厂）60 万千瓦超临界机组是中国第一台超临界循环流化床机组，也是目前世界上容量最大的循环流化床机组，该锅炉实际运行水平全面达到预期目标，部分指标优于设计值，锅炉受热面设计计算精确，燃烧室温度基本与设计一致，标志着中国循环流化床锅炉设计、制造、运行技术已经达到世界领先水平，同时该机组被国际能源署评价为循环流化床技术发展历史的里程碑事件。

日本、德国、丹麦和中国主要蒸汽动力发电机组蒸汽参数情况见表 2-1。

表 2-1　　日本、德国、丹麦和中国主要蒸汽动力发电机组蒸汽参数情况

国家	电　厂　名　称	机组容量（万千瓦）	蒸汽参数（主蒸汽压力/主蒸汽温度/一次再热蒸汽温度/二次再热蒸汽温度）	投产年份
日本	松浦（Matsuura）电厂 1 号机组	100	24.1 兆帕/566℃/566℃	1991
	松浦（Matsuura）电厂 2 号机组	100	24.1 兆帕/593℃/593℃	1997
	三隅（Misumi）电厂 1 号机组	100	24.1 兆帕/600℃/600℃	1998
	橘湾（Tachibanawan）电厂	105×2	25 兆帕/600℃/610℃	2000
	矶子（Isogo）电厂 1 号机组	60	25 兆帕/600℃/620℃	2009
德国	博茨堡（Boxberg）电厂 1 号机组	90	26.8 兆帕/545℃/580℃	1999
	利本道夫（Lippendorf）电厂	93×2	26 兆帕/550℃/580℃	1999～2000
	尼德豪森(Niederaussen)电厂 1 号机组	101.2	27.4 兆帕/580℃/600℃	2002
丹麦	埃斯比约（Esbjerg）电厂 1 号机组	41.2	25 兆帕/560℃/560℃	1991
	北日德兰（Nordjyllands）电厂 1 号机组	41.2	28.5 兆帕/580℃/580℃/580℃	1998
	阿维杜（Avedre）电厂 1 号机组	37.5	25 兆帕/580℃/600℃	2001
中国	华能玉环发电厂	100×4	26.25 兆帕/600℃/600℃	2006～2007
	外高桥第三发电厂	100×2	27 兆帕/600℃/600℃	2008
	华能安源电厂	66×2	32.45 兆帕/605℃/623℃/623℃	2015
	国电泰州电厂二期	100×2	31 兆帕/600℃/610℃/610℃	2015～2016

注　资料来源于《中国电力百科全书》（第三版综合卷）及部分煤电项目参数。

专栏　中国超超临界、空冷、循环流化床燃煤发电技术发展历程

1. 超超临界发电技术

改革开放以来，中国燃煤发电机组连续跨越了亚临界、超临界和超超临界参数三个台阶，并成功实现了国产化。

中国于 1980 年由原机械部和电力部联合从美国引进了亚临界 30 万千瓦和 60 万千瓦机组的设计和制造技术，通过“七五”期间对引进技术的消化、吸收和国产化研制，

以及“八五”期间的优化设计，亚临界机组基本上达到世界水平，供电标准煤耗比原国产30万千瓦亚临界机组下降20～30克/千瓦时，可靠率提高5%～10%，使中国大容量火电机组迈上了第一个台阶，为后来进一步发展打下扎实的基础。

中国从20世纪80年代初就开始引进国外的超临界机组。为推动超临界机组发展，1998年将60万千瓦超临界机组的研制补列入“十五”国家重大装备技术研制项目，其研究内容包括有技术引进吸收和国内研制两方面，并确定河南沁北项目为60万千瓦超临界机组国产化研制依托工程，机组参数为24.4兆帕/566℃/566℃（2004年沁北电厂1号机组顺利投产）。此后，中国全面掌握了超临界机组的设计和制造技术，使中国大容量火电机组的发展迈上了第二个台阶。

中国于2000年启动了100万千瓦超超临界发电技术的研究和示范工程计划，“超超临界燃煤发电技术的研发与应用”列入国家“十五”和国家“863计划”洁净煤技术主题研究课题，确定了华能玉环电厂作为100万千瓦等级超超临界机组的第一个工程（见图2-3）。进入21世纪，电力需求快速增长和发电侧竞争共同促进了超超临界机组快速上马，完成了技术引进或技术合作、国内制造、安装投产全过程。2010年左右，随着一大批超超临界一次再热机组的成功投运，中国的电力装备和控制运行技术已经具备了向更高效率的超超临界技术发起挑战的基础，开始将二次再热机组列入研发建设计划，60万千瓦、100万千瓦等级二次再热机组于2015年先后在华能安源电厂、国电泰州电厂（见图2-4）投运。

图2-3　华能玉环电厂（国内首台百万千瓦机组电厂）

2. 空冷技术

中国在改革开放前就开展了空冷技术的试验研究和工业试验。改革开放后，中国

图 2-4　国电泰州电厂（国内首台二次再热百万千瓦机组电厂）

企业加强与国外公司的技术交流和合作，加大了对空冷技术开发支持的力度，使中国空冷机组取得了快速发展，主要分为以下两个阶段：

第一阶段，依托三个空冷技术工程为大型空冷机组的发展打下基础。1982 年中国从匈牙利进口 2 套 20 万千瓦海勒式间接空冷系统设备，安装在大同第二发电厂 5 号、6 号机组，分别于 1987 年 6 月和 1988 年 11 月投产。1986 年国家重大装备办公室将 20 万千瓦空冷机组列入“七五”和“八五”国家重大装备技术研发内容：一是中国自行设计、制造的带混合式凝汽器间接空冷系统（即海勒式），依托工程为 4×20 万千瓦内蒙古丰镇电厂 3～6 号机组，分别于 1993 年投产 2 台，1995 年投产 2 台；二是中国自行设计、制造的表面式凝汽器间接空冷系统（即哈蒙式），依托工程为 2×20 万千瓦太原二厂 7 号、8 号机组，分别在 1994 年 1 月、9 月投产。通过三个工程的建设和开展相应的试验研究工作，初步建立起中国自主设计、制造、研究空冷机组的体系，并制订了相关的空冷机组标准。

第二阶段，开发直接空冷技术，发展大容量空冷机组。大唐云岗电厂 2×20 万千瓦空冷机组是中国直接空冷技术在大机组上的首次应用，项目采用国外空冷系统技术，主要设备为国产，两台机组分别于 2003 年 11 月、12 月投产。山西漳山 2×30 万千瓦直接空冷机组采用国产空冷汽轮机、国外的空冷凝汽器，分别于 2004 年 9 月、10 月投产。与此同时，中国空冷机组已开始出口，如东方汽轮机厂 2001 年出口伊朗 4 台 32.5 万千瓦空冷汽轮机组。上述机组顺利投产，说明中国已掌握了 30 万千瓦级直接空冷机组技术，并为发展 60 万千瓦直接空冷机组打下基础。

发展60万千瓦、100万千瓦空冷机组是中国“三北”地区火电机型的重要选择，早在“九五”期间，原电力部就组织开展60万千瓦空冷机组技术的研究，2001年5月原国家电力公司确认国内已具备生产60万千瓦空冷机组的条件，并确定大同二电厂为首个2×60万千瓦直接空冷机组的试点工程。“十一五”期间，科技部将百万千瓦等级空冷机组的研究列入“863”计划，2010年全球首台百万千瓦级超超临界空冷机组在宁夏华电灵武电厂投产（见图2-5）。

图2-5 华电灵武电厂（全球首台百万千瓦空冷机组电厂）

3. 循环流化床燃烧技术

中国最早开始循环流化床燃烧技术的开发和应用是在20世纪80年代初，主要在小型循环流化床锅炉燃烧技术发展方面。90年代初开始引进技术并自主开发制造了5万千瓦、10万千瓦等级循环流化床锅炉，1996年在四川高坝电厂建成并投入运行10万千瓦循环流化床锅炉。在示范成功以后，国内许多锅炉制造厂又与国外的循环流化床锅炉公司签订了一批10万～13.5万千瓦级循环流化床锅炉的技术引进合同，使中国10万千瓦等级的循环流化床锅炉取得了快速发展。同时，国内也开展了自主开发10万千瓦锅炉的研究工作，第一台自主研发的循环流化床锅炉安装在江西的分宜电厂，于2004年投入运行。

20世纪90年代末，国际上已有一批22万～25万千瓦等级锅炉投入运行，为了加快中国循环流化床锅炉大型化的步伐，国家决定以技贸结合的方式引进法国阿尔斯通30万千瓦等级循环流化床锅炉技术，并由三家锅炉厂共享。引进的一台阿尔斯通30万千瓦循环流化床锅炉建设了四川白马示范电站，同时国家又明确了云南开远、河北秦皇岛和云南小龙潭三个项目作为引进技术国产化的依托工程。

在 30 万千瓦循环流化床锅炉的设计、制造和运行实践的基础上，从 2000 年起，中国与世界同步启动了超超临界直流循环流化床锅炉的研究。“十一五”期间，将 60 万千瓦循环流化床锅炉国产化研制列入“863 计划”，并于 2009 年在四川白马开工建设一台 60 万千瓦循环流化床锅炉国产化示范机组（见图 2-6），2013 年 4 月投入商业运行。

图 2-6　神华国神白马电厂 60 万千瓦超临界循环流化床示范工程

为保障国家能源安全供应，国家明确实施“节约与开发并举、把节约放在首位”的能源发展战略，并将节能放在“第一能源”的重要地位。根据《产业结构调整指导目录》（国家发展改革委颁布，多次修订）、《全面实施燃煤电厂超低排放和节能改造工作方案》（环发〔2015〕164 号）等要求，新建燃煤电厂多采用超超临界参数、大容量机组，并在设计阶段选择因地制宜、因设备制宜的节能技术，如采用先进的通流设计及汽封、回热系统优化等。

新建机组配套节能技术见表 2-2，30 万千瓦以上纯凝燃煤发电机组设计热效率及发电煤耗见表 2-3。

表 2-2　　新建机组配套节能技术

技术名称	技　术　内　容
提高蒸汽初参数	提高汽轮机主蒸汽、再热热段蒸汽温度和压力可以提升机组的循环效率，降低热耗，提高机组效率。国内常规超临界机组、超超临界机组汽轮机典型参数为 24.2 兆帕/566℃/566℃、25～26.25 兆帕/600℃/600℃，已有将参数提高到 28 兆帕/600℃/620℃的机组投入运行
采用二次再热	采用二次再热可提高热力循环的平均吸热温度、降低热耗，提高热力循环的效率。与一次再热机组相比，二次再热机组热力循环效率提高约 1.5%。国内已有 60 万千瓦（31 兆帕/600℃/620℃/620℃）和 100 万千瓦（31 兆帕/600℃/620℃/620℃）二次再热机组投入运行

续表

技术名称	技 术 内 容
回热系统优化	对于相同参数的机组，回热级数越多，循环效率越高。对于高参数大容量机组，加热级数通常为 7～10 级，较常规机组增加一级低压加热器
设置外置式蒸汽冷却器	超超临界机组通过锅炉再热加热后的高压加热器抽汽，具有较大的过热度，可设置独立外置式蒸汽冷却器，充分利用抽汽过热焓，提高回热系统热效率
汽轮机冷端系统优化	汽轮机冷端性能直接影响发电机组的经济运行，可通过冷端优化确定合适的背压，优化选择凝汽器型式，采取真空泵单泵单抽系统等措施
汽轮机采用先进的通流设计及汽封	采用全三维技术优化设计汽轮机通流部分、并采用新型高效叶片和新型汽封技术，可明显提高汽轮机内效率，节能效果明显
汽轮机排汽余热利用	可根据外界不同的热负荷情况，采用热泵技术、汽轮机低真空供热技术或汽轮机抽凝背（NCB）供热技术，对汽轮机排汽余热进行利用
热力及疏水系统优化	优化热力及疏水系统，合理设置加热器疏水泵，优化设备及管道疏水系统的阀门设置，减少阀门泄漏，可达到节能提效的效果
管道系统优化	通过适当增大管径、减少弯头、利用弯管和斜三通等低阻力连接件等措施，降低主蒸汽、再热蒸汽等管道阻力
设备乏汽回收利用	通过采取措施将除氧器、锅炉疏水扩容器等设备的排汽送回热力系统，可以充分利用低品位的热量，以减少高品位蒸汽的使用量
烟气余热利用	利用烟气余热加热凝结水，或加热凝结水及加热进入锅炉冷风实现二元利用，或加热给水、凝结水及进入锅炉冷风实现烟气余热梯级利用等，可提高全厂热效率

注 资料来源于《电力工程设计手册 火力发电厂节能设计》节选。

表 2-3　　30 万千瓦以上纯凝燃煤发电机组设计热效率及发电煤耗

机组种类	蒸汽初参数		设计发电煤耗（克/千瓦时）	设计供电煤耗（克/千瓦时）
	温度（℃）	压力（兆帕）		
亚临界 30 万千瓦	538/538	16.67	298	319.9
亚临界 60 万千瓦	538/538	16.67	296	315.6～316.6
超临界 60 万千瓦	566/566	24.2	282	300.6～301.6
超超临界 60 万千瓦（一次再热）	600/600	25	271	288.3～288.9
超超临界 100 万千瓦（一次再热）	600/600	27	267	283.2～284.7
超超临界 100 万千瓦（二次再热）	600/610/610	31	256	267.7

注 资料来源于《中国电力百科全书》(第三版综合卷)、某二次再热投产项目机组参数。

提效改造是煤电机组降低煤耗的有效方式，广泛采用的提效改造技术主要包括：能量梯级利用改造、汽轮机通流部分改造、烟气余热深度利用改造、优化辅机改造、现有机组供热改造、机组运行方式优化等。这些技术的应用，改善了机组的性能和工作状况，尤其是实现了在保证机组可靠性的前提下，大幅度提高了设备和系统的经济性，取得了明显的节能效果。以某 30 万千瓦亚临界机组为例，通过汽轮机喷嘴组及通流部分改造后汽机热耗降低约 210～280 千焦/千瓦时，机组效率提高约 3%，供电煤耗降低 8 克/千瓦时以上。

《国家重点节能低碳技术推广目录》(2016 年火电节能部分节选) 见表 2-4。

表 2-4　　《国家重点节能低碳技术推广目录》(2016 年火电节能部分节选)

技术名称	主要技术内容
汽轮机通流部分现代化改造	采用先进的汽轮机三维流场设计，结合四维精确设计对汽轮机通流部分及汽封系统进行优化改进
汽轮机汽封改造	在机组并网带初始负荷，主蒸汽压力达到一定值时，克服汽封内的弹簧力，使汽封关闭，使运行中汽封漏汽量减少，提高汽轮机的缸效率
纯凝汽轮机组改造实现热电联产技术	纯凝汽轮机组的导汽管打孔抽汽，实现热电联产
回转式空气预热器接触式密封技术	密封结构具有良好的弹性和柔性，可根据间隙的变化改变变形量，实现在轴向、径向和环向上的全方位密封
电站锅炉用邻机蒸汽加热启动技术	采用蒸汽替代燃油和燃煤对锅炉进行整体预加热，使锅炉在点火时已处于“热炉、热风”状态。从而降低燃油点火强度，大幅缩短燃油时间，使启动耗油量下降一个数量级
脱硫岛烟气余热回收及风机运行优化技术	在吸收塔前加装烟气冷却器加热给水。增加一条增压风机旁路烟道，通过优化风机的运行方式，实现在低负荷工况下以单引风机运行代替双引风机和双增压风机运行
火电厂烟气综合优化系统余热深度回收技术	空预器与电除尘器之间加装烟气冷却器，使凝结水升温到 110℃，减少因抽汽增加的汽轮机做功。余热回收装置大大提高静电除尘器效率和脱硫率
火电厂凝汽器真空保持节能系统技术	利用胶球清洗，在不停机时自动清除凝汽器污垢，保持 95%以上收球率
超临界及超超临界发电机组引风机小汽轮机驱动技术	采取将引风机与脱硫增压风机合并的联合风机方式，并采用小汽轮机驱动，替代原有的电动机，可以大幅降低厂用电率
大型供热机组双背压双转子互换循环水供热技术	供热运行时机组使用高背压转子，凝汽器排汽温度提高至 80℃，利用循环水供热；非采暖期，再将原低压转子恢复，排汽背压恢复至 4.9kPa，机组运行效率得到较大提高

申能外高桥第三电厂是目前世界上最清洁的一次再热燃煤发电厂（见图 2-7）。2016 年在平均负荷 70%左右的情况下，完成供电煤耗约 280 克/千瓦时，折合净效率 43.9%。该电厂在基建阶段，高度重视设计选型工作，机组投产后采用一系列节能技术对设备和系统进行改造，机组供电煤耗在同类型机组中达到全世界最低，为燃煤机组节能降耗工作树立了典范。

图 2-7 申能外高桥第三电厂

2.1.2 煤电机组结构

2005 年，中国 6000 千瓦以上机组达到 4631 台，其中 10 万千瓦以下机组达到 3560 台，数量占比达到 76.9%。由于技术水平相对较低，小机组、老机组的能耗水平高且污染物排放水平高，2007 年 1 月 20 日，国务院批准了国家发展改革委、原能源办《关于加快关停小火电机组的若干意见》（国发〔2007〕2 号），强力启动了关停小火电工作。“十一五”以来，截至 2016 年年底，中国累计关停小火电机组达到 1.1 亿千瓦，相当于英国、韩国、意大利火电装机容量的 1.6 倍、德国的 1.2 倍。

专栏 “上大压小”政策

煤电机组容量大小的不同、蒸汽参数的高低直接影响机组煤耗和污染物产生量。根据国家发展改革委的数据，2006 年大型高效发电机组供电煤耗为 290～340 克/千瓦时，中小机组则达到 380～500 克/千瓦时，如 5 万千瓦机组供电煤耗约 440 克/千瓦时，煤耗比大机组多 30%～50%。2005 年，中国平均单机容量 6.09 万千瓦，单机 10 万千瓦及以下小火电机组 1.15 亿千瓦，占火电装机容量的 29.4%，小火电机组二氧化硫和烟尘排放量分别占电力行业总排放量的 35%和 52%。由此可见，优化煤电机组结构，“上大压小”已是当务之急。

2005 年，国家发展改革委印发《产业结构调整指导目录（2005 年本）》（国家发展和改革委员会令第 40 号），对包括电力、煤炭、水利、石油、天然气等产业划分了鼓励、限制、淘汰类，2007、2011、2013 年对该指导目录进行了修订，其中，对煤电的鼓励类包括：“单机 60 万千瓦及以上超临界、超超临界机组电站建设”“采用背压（抽背）型热电联产、热电冷多联产、30 万千瓦及以上热电联产机组”“缺水地区单机 60

万千瓦及以上大型空冷机组电站建设”等；限制类包括：“小电网外，单机容量30万千瓦及以下的常规燃煤火电机组”“小电网外，发电煤耗高于300克/千瓦时的湿冷发电机组，发电煤耗高于305克/千瓦时的空冷发电机组”等；淘汰类包括：“大电网覆盖范围内，服役期满的单机容量在10万千瓦以下的常规燃煤凝汽火电机组，单机容量5万千瓦及以下的常规小火电机组”等。

“十一五”以来，国家发展改革委按照《产业结构调整指导目录》审批项目时，将新建项目与小火电关停联系在一起，明确关停小机组是上大项目的前提，即在建设大容量、高参数、低煤耗、低排放机组的同时，相对应地关停一部分小火电机组。为了调动地方和企业实施“上大压小”的积极性，允许按一定比例折算，即：建设单机30万千瓦机组要关掉其容量80%的小机组，建设单机60万千瓦机组要关掉其容量70%的小机组，建设单机100万千瓦机组要关掉其容量60%的小机组，也可按等煤量计算。

从实际执行看，电力行业在“十一五”时期关停小火电机组7683万千瓦，超额53.6%完成国务院确定的“十一五”关停5000万千瓦关停任务。2012年8月，国务院《关于印发节能减排“十二五”规划的通知》（国发〔2012〕40号）要求“十二五”期间重点淘汰小火电2000万千瓦，而实际关停小机组3218万千瓦。按照《能源发展“十三五”规划》等规划要求，“十三五”期间将淘汰煤电2000万千瓦以上。

淘汰小火电机组政策要求及实际完成情况见图2-8。

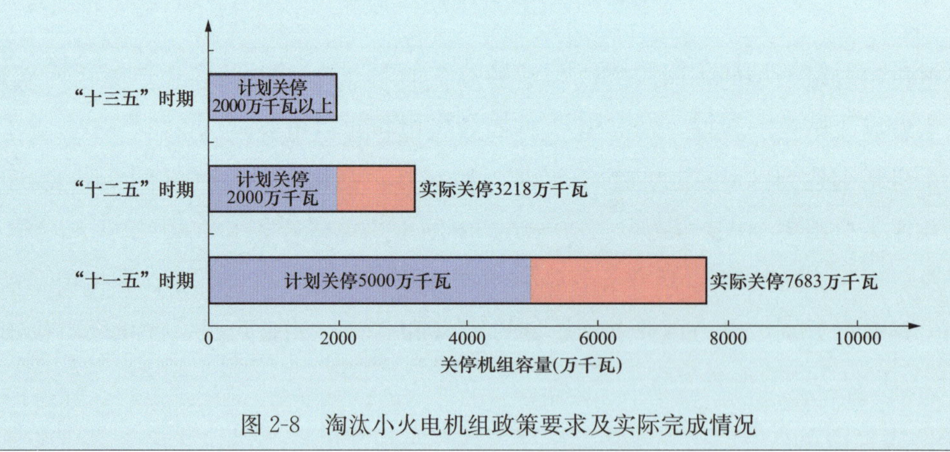

图2-8 淘汰小火电机组政策要求及实际完成情况

通过建设大容量、高参数机组，关停纯凝小煤电机组，煤电机组容量等级结构持续向大容量高参数方向发展，煤电结构不断优化。根据中电联统计，截至2016年年底，纳入电力行业6000千瓦以上机组统计调查范围的火电装机容量10.1亿千瓦，占6000千瓦及以上火电装机容量的95.6%。在调查范围内的火电机组中，单机30万千瓦及以上的火电装机容量占比为 79.1%，比 1995 年提高 51.3 个百分点。

不同等级火电机组占火电装机容量比重变化情况见图 2-9。

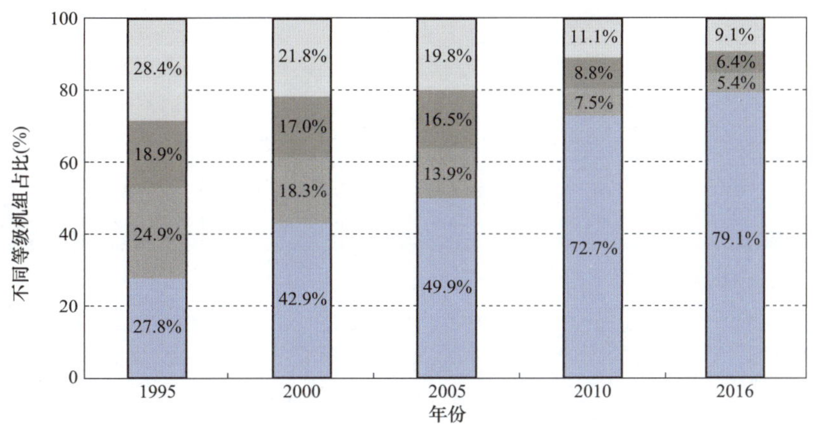

图 2-9 不同等级火电机组占火电装机容量比重变化情况

注：数据来源于中电联。

2005～2016 年间，新增火电装机占火电总装机容量的 68.9%。其中，10 万千瓦及以上燃煤发电机组加权平均运行年限为 11.26 年。根据美国能源署的统计，截至 2015 年，美国现役的 3 亿千瓦燃煤发电机组大多是 20 世纪 70 年代到 80 年代投入运行，平均运行年限约为 38 年。

2.2 污染治理技术水平

随着燃煤发电装备技术水平、污染治理技术水平的快速提高，煤电机组结构的持续优化，管理水平的持续进步，中国燃煤电厂实现了全过程（从设计、施工、投运到关停）、全方位（供电煤耗、排放浓度、总量控制、监管、统计等）、全要素（气、水、声、渣等）的清洁化发展。

燃煤电厂环境保护措施示意见图 2-10。

不同阶段煤电环境保护工作的重点不同，1995 年前主要解决向江河排入灰渣问题；“十五”时期烟气脱硫提上日程；“十一五”时期大规模实施烟气脱硫设施建设；“十二五”时期全面开展烟气脱硝设施建设，以及脱硫和除尘设施提效改造；“十三五”时期开始实施大规模的超低排放改造，并要求东部、中部、西部的煤电机组分别在 2017 年底、2018 年底、2020 年底前完成超低排放改造。

燃煤电厂大气污染物的治理历程是伴随排放标准的不断趋严而进行的，每次标准修订都提高了污染物的排放限值要求，并根据形势增加了其他的要求。1973 年的《工业

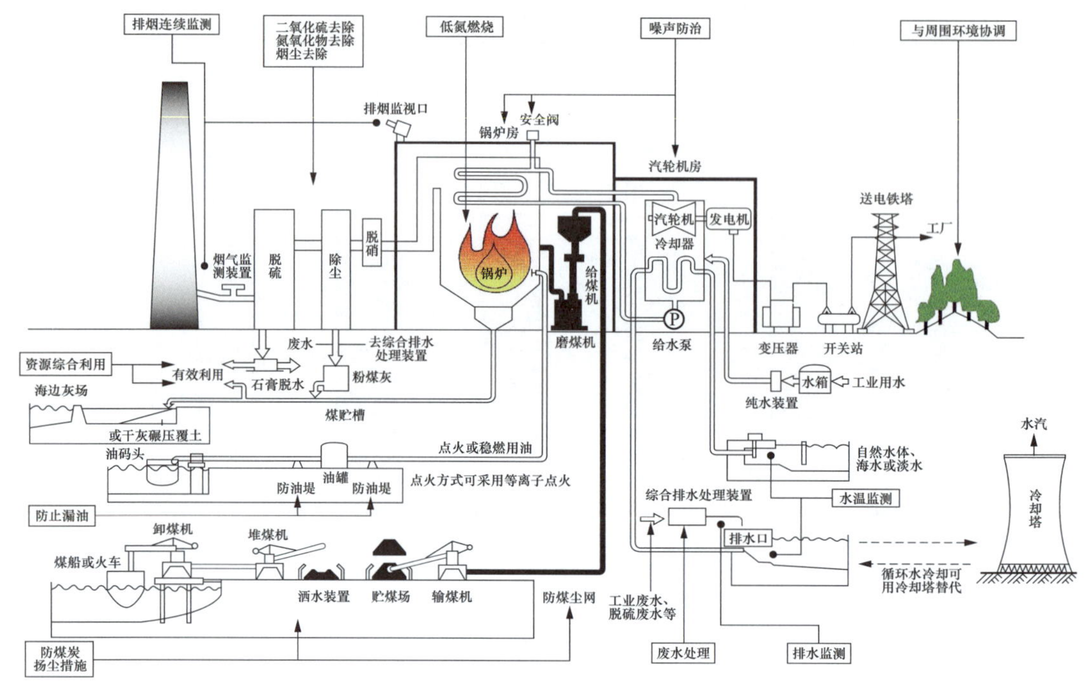

图 2-10　燃煤电厂环境保护措施示意图

“三废”排放试行标准》(GB J4—1973) 首次规定了烟尘、二氧化硫小时排放总量限值；1991 年的《燃煤电厂大气污染物排放标准》(GB 13223—1991) 首次对烟尘提出了浓度限值要求，按 P 值法对二氧化硫提出了要求；1996 年的《火电厂大气污染物排放标准》(GB 13223—1996) 首次提出了氮氧化物浓度限值要求；2003 年的《火电厂大气污染物排放标准》(GB 13223—2003) 全面提高了烟尘、二氧化硫、氮氧化物浓度限值要求；2011 年的《火电厂大气污染物排放标准》(GB 13223—2011) 全面提高了限值要求，并首次提出了大气汞及其化合物的排放限值要求。

煤电大气污染物排放浓度限值要求变化情况见图 2-11。

2.2.1　烟尘治理技术

对燃煤电厂烟尘排放提出限值要求的首部排放标准，始于 1973 年的综合性污染物排放标准《工业“三废”排放试行标准》(GBJ 4—1973)。为加强燃煤电厂的大气污染物排放管控，1991 年制定颁布了强制性国家标准《燃煤电厂大气污染物排放标准》(GB 13223—1991)，1996 年修订为《火电厂大气污染物排放标准》(GB 13223—1996)，此后，该标准于 2003 年、2011 年进行了修订。

燃煤电厂烟尘排放限值变化特征见表 2-5。

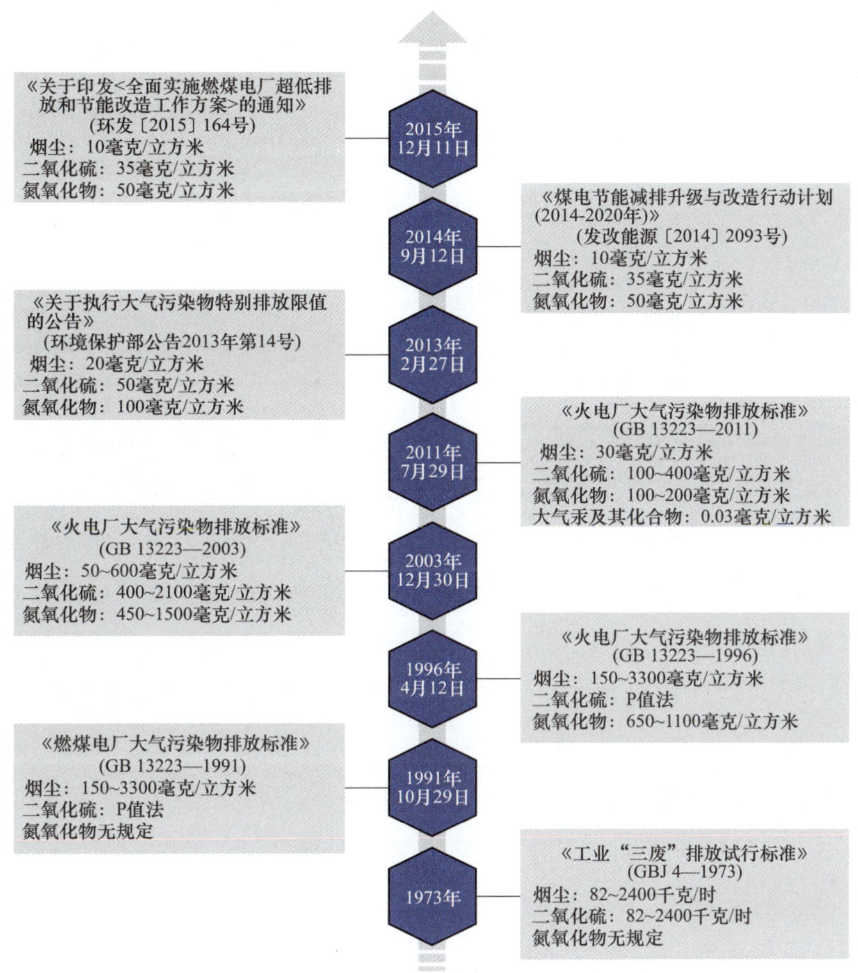

图 2-11 煤电大气污染物排放浓度限值要求变化情况

表 2-5　　燃煤电厂烟尘排放限值变化特征

排放标准	烟尘排放要求	确定限值的技术依据
《工业“三废”排放试行标准》（GBJ 4—1973）	依据烟囱数量和烟囱高度规定全厂小时烟尘排放量限值，82～2400 千克/时	电厂大部分采用旋风、多管等机械式除尘器，除尘效率一般低于 85%
《燃煤电厂大气污染物排放标准》（GB 13223—1991）	对不同时段机组、不同燃煤灰分、采用不用除尘技术机组提出不同的限值要求。以采用电除尘器的现役机组为例，烟尘限值为 200～1000 毫克/立方米	以三电场电除尘、高效水力除尘器的技术水平确定排放限值，除尘效率大于 95%
《火电厂大气污染物排放标准》（GB 13223—1996）	对不同时段机组、不同燃煤灰分、采用不用除尘技术机组提出不同的限值要求。以新建机组为例，烟尘限值为 200～600 毫克/立方米	以三、四电场除尘器技术水平确定排放限值，除尘效率大于 98%

续表

排放标准	烟尘排放要求	确定限值的技术依据
《火电厂大气污染物排放标准》(GB 13223—2003)	烟尘限值为 50～600 毫克/立方米	以四电场、五电场高效电除尘器，袋式除尘器的技术水平确定排放限值，除尘效率大于 99%
《火电厂大气污染物排放标准》(GB 13223—2011)	取消时段要求，烟尘限值为 20～30 毫克/立方米	按五电场或更高的电除尘器、袋式除尘器的技术发展水平确定排放限值，同时考虑到湿法脱硫的协同除尘作用，除尘效率大于 99.5%

随着烟尘排放限值要求越来越严，除尘技术快速发展，不断更新换代。20 世纪 90 年代初，中国主要以机械除尘和湿式除尘为主，文丘里除尘器占 27%、水膜除尘器 12%、电除尘器 30%，行业平均除尘效率在 94.2%左右。90 年代后，中国开始推广高效的电除尘器，到 2000 年电除尘器占比达到 80%，其他为文丘里、水膜除尘器等，行业平均除尘效率达到 98%；2005 年电除尘器占比提高至 95%，其他为文丘里除尘器等，行业平均除尘 98.5%；到 2010 年电除尘器占比仍为 95%，其他 5%升级为更为高效的袋式、电袋复合除尘器，行业平均除尘效率达到 99.2%；“十二五”以来，袋式、电袋复合除尘器快速发展，行业平均除尘效率达到 99.9%以上。

1990～2016 年燃煤电厂除尘技术应用变化情况见图 2-12，1990～2016 年燃煤电厂平均除尘效率变化情况见图 2-13。

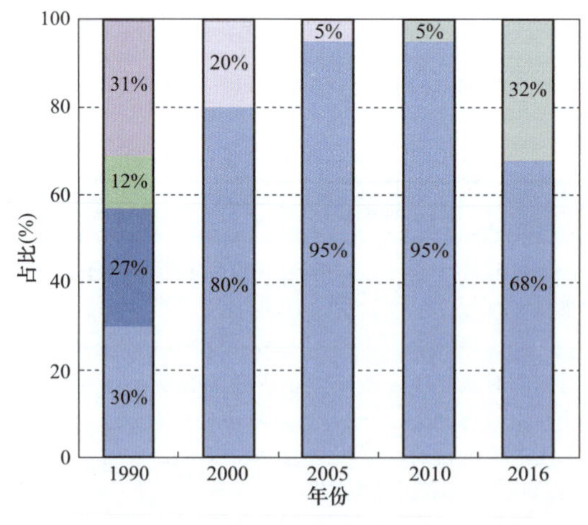

图 2-12　1990～2016 年燃煤电厂除尘技术应用变化情况

袋式、电袋除尘器　其他(文丘里等高效湿式除尘器)
多管、旋风等除尘器　水膜除尘器
文丘里除尘器　电除尘器

注：数据来源于中电联。

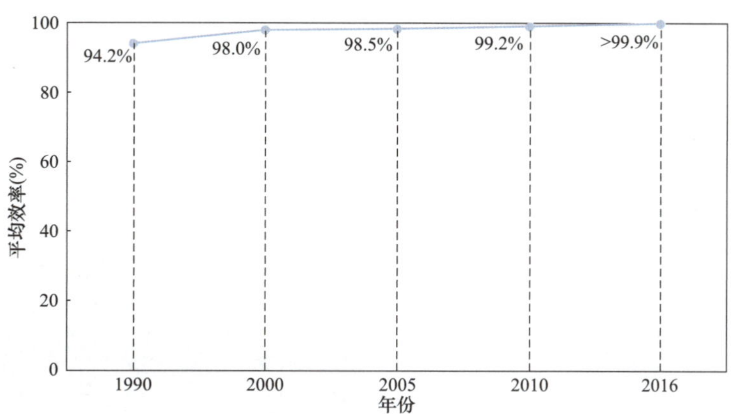

图 2-13　1990～2016 年燃煤电厂平均除尘效率变化情况

注：数据来源于中电联。

专栏　除　尘　技　术

目前，世界上燃煤电厂采用除尘技术主要为电除尘器、袋式及电袋复合除尘器，其中，电除尘器是应用最为广泛的技术，美国电除尘器应用比例约占 85%左右，日本几乎全部采用电除尘器；袋式除尘器在一些国家也广泛应用，如澳大利亚；电袋复合除尘器是我国特有的技术。

1. 电除尘器

电除尘器（ESP）工作原理是在两个曲率半径相差较大的金属阳极和阴极上施加高压直流电，使烟气通过电场时极间气体电离产生的电子、阴离子和阳离子吸附在粉尘上，使粉尘荷电。荷电粉尘在电场力的作用下，向电极性相反的电极运动而沉积在电极上，达到分离粉尘、净化烟气的目的。随着电极上越来越多的带电烟尘颗粒的依附，极板上的颗粒物形成片状或团状形状，再通过振打等机械手段使烟尘掉落至灰斗，实现除尘的目的。

电除尘器基本结构及某电厂电除尘器见图 2-14。

随着电除尘技术的发展，新技术不断涌现，进一步扩大了电除尘器的适用范围。典型的电除尘新技术包括低低温电除尘技术、湿式电除尘技术、新型电源技术、旋转电极除尘技术等。

2. 袋式除尘器

袋式除尘器是使含尘气体自下而上地通过布袋，经过布袋的过滤，把粉尘阻留在布袋的表面上，气体穿过布袋从而得到净化，并由上部排出。通过振打装置振击布袋框架（使其左右运动），从而使布袋发生抖动将粉尘抖落在灰斗里，经排尘阀排出。附

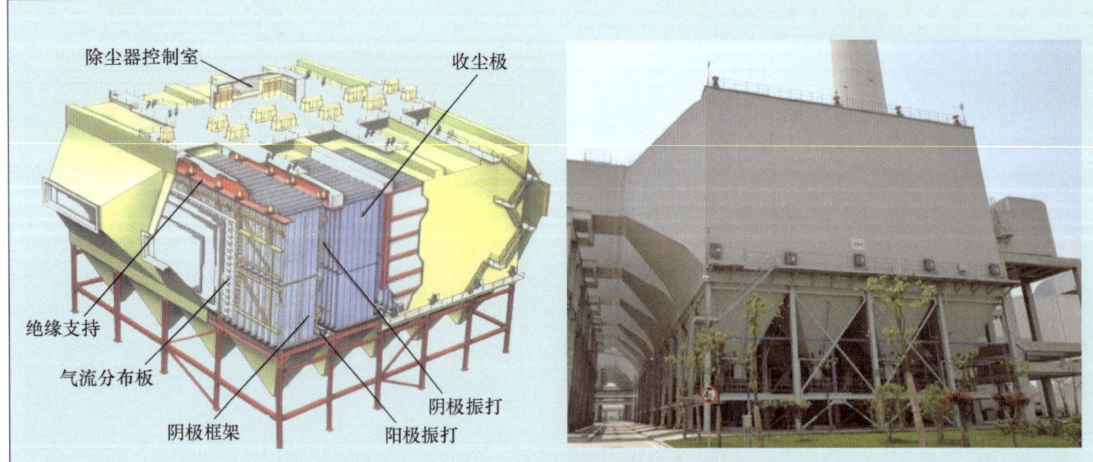

图 2-14　电除尘器基本结构及某电厂电除尘器

在滤袋表面上的尘粉层本身也是一个过滤层，可以提高除尘器的除尘效率，但积尘过多使阻力剧增，使滤袋的过滤风量减少，有时还会将已沉积的尘粒挤压过去，使除尘效率下降。因此袋式除尘器必须有清灰装置，定期清灰。袋式除尘器是干法除尘中效率最高的除尘设备，其最大特点是除尘效率不受煤种、含尘浓度、粉尘粒度及粉尘比电阻等因素影响。

袋式除尘器基本结构及某电厂袋式除尘器见图 2-15。

图 2-15　袋式除尘器基本结构及某电厂袋式除尘器

3. 电袋复合除尘器

电袋复合除尘技术是基于电除尘和袋式除尘两种除尘理论，由我国自行研发提出的新型除尘技术。电袋复合除尘技术按布袋区和电除尘区布置的相对位置可分为分体式、整体式、嵌入式结构，其中，整体式结构目前应用最广泛。电袋复合除尘器既发挥了电除尘器收集粗颗粒粉尘效率高、能耗低的优势，又利用了袋式除尘器不受煤种

影响、微细粉尘收集效率高的特点。工作时高速含尘烟气流入进口喇叭经缓冲、扩散、均衡后低速进入电场区，在电场高压电晕作用下大部分烟尘被收集，少量烟尘荷电后随气流进入布袋区由滤袋过滤拦截，从而完成烟气的净化过程。为保证电袋复合除尘器连续正常运行，电场区振打装置和滤袋区清灰系统按设定的程序间歇性工作，及时清除依附于极板和滤袋表面的烟尘。

电袋复合除尘器基本结构及某电厂电袋复合除尘器见图 2-16。

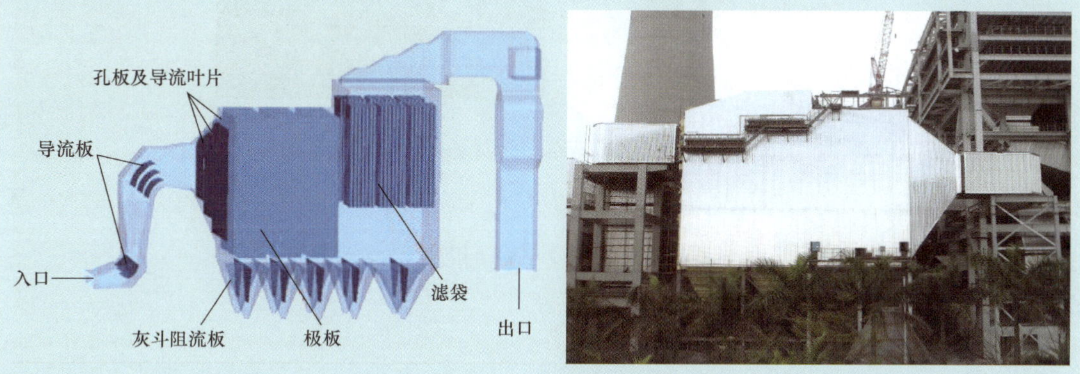

图 2-16　电袋复合除尘器基本结构及某电厂电袋复合除尘器

4. 湿式电除尘器

湿式电除尘器（WESP）的工作原理是放电极在直流高电压的作用下，将其周围气体分子电离为电子和正离子，电子与粉尘或雾滴粒子发生碰撞使其表面荷电，荷电粒子在电场力的作用下向集尘极运动，水流从集尘板顶端流下形成一层均匀稳定的水膜将粉尘带走。同时，喷到通道中的水雾也能捕获一些微小烟尘，有利于微尘向极板移动。从除尘原理上看，湿式电除尘器与干式电除尘器都经历了电离、荷电、收集和清灰四个阶段。与干式电除尘器不同的是，湿式电除尘器采用液体冲洗集尘极表面来进行清灰而干式电除尘器采用振打清灰。

湿式电除尘器基本结构及某电厂湿式电除尘器见图 2-17。

5. 除尘技术应用情况

截至 2016 年年底，燃煤电厂除尘设施仍以电除尘器为主，电除尘器占 68.3%，袋式除尘器、电袋复合式除尘器合计占比 31.7%以上。其中，袋式除尘器机组容量约 0.78 亿千瓦，占煤电机组容量的 8.4%；电袋复合式除尘器机组容量超过 2.19 亿千瓦，占煤电机组容量的 23.3%。

2016 年燃煤电厂各类除尘技术占比见图 2-18。

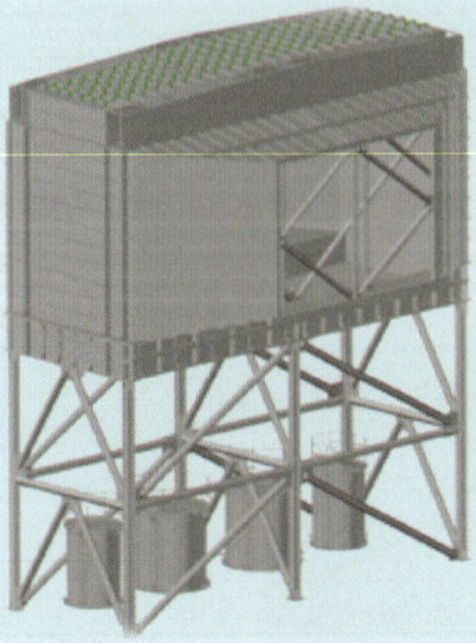

图 2-17　湿式电除尘器基本结构及某电厂湿式电除尘器

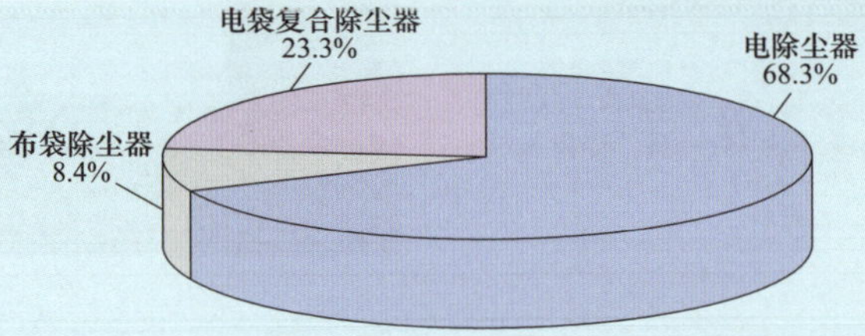

电袋复合除尘器
23.3%
电除尘器
68.3%
布袋除尘器
8.4%

图 2-18　2016 年燃煤电厂各类除尘技术占比

注：数据来源于中电联。

2.2.2　二氧化硫治理技术

《火电厂大气污染物排放标准》（GB 13223—1996）首次规定火电厂二氧化硫排放浓度要求，即从 1997 年 1 月 1 日起，新建、改建、扩建的燃煤发电锅炉，燃煤含硫量大于 1%时执行 1200 毫克/立方米的排放限值，燃煤含硫量小于等于 1%时执行 2100 毫克/立方米的排放限值。此后历次的 GB 13223 修订都对二氧化硫排放限值提出了更高要求。随着二氧化硫排放标准的不断提高，中国的脱硫技术快速发展。

二氧化硫排放标准变化和脱硫技术的发展见图 2-19。

自 20 世纪 80 年代后期，中国开始研究烟气脱硫技术。20 世纪 90 年代，先后从国外引进了各种类型的烟气脱硫技术，开展了示范工程建设，为大规模开展烟气脱硫奠定技术基础。1993 年重庆珞璜电厂一期工程 2 台 36 万千瓦机组同步建成了石灰石—石膏湿法烟气脱硫装置；1994 年黄岛电厂建成了相当于 7 万千瓦机组容量的旋转喷雾干燥法烟气脱硫装置；1996 年太原第一热电厂建成了相当于 20 万千瓦机组容量的简易石灰石—石膏湿法烟气脱硫装置；1999 年深圳西部电厂建成了 30 万千瓦机组海水脱硫工程。为了

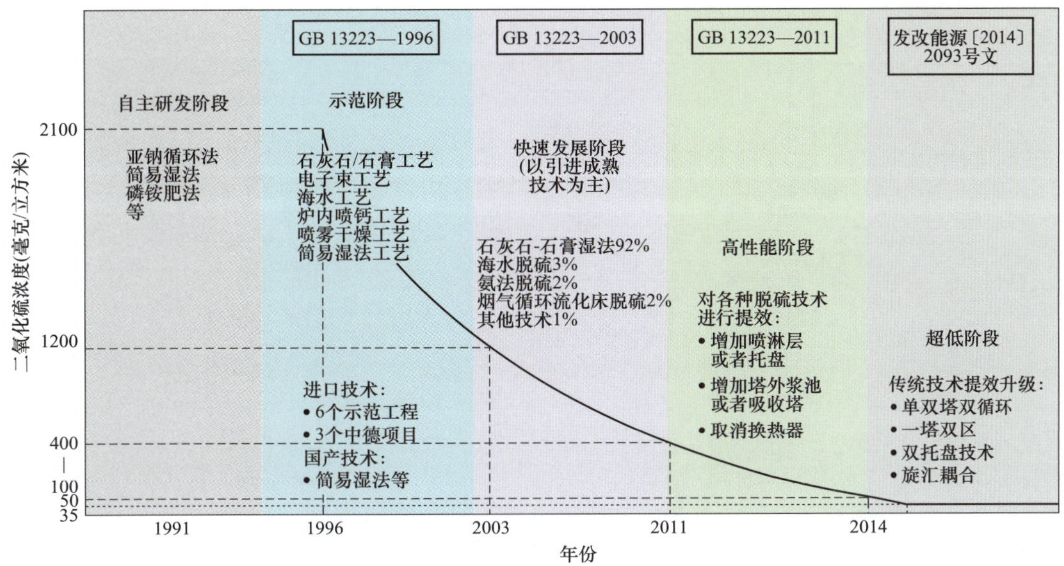

图 2-19　二氧化硫排放标准变化和脱硫技术的发展

加快火电厂烟气脱硫的步伐，1993 年成立龙源电力环保技术开发公司，通过中德合作项目引进了德国湿法脱硫技术，同时开展了消化、吸收、研发脱硫技术推进脱硫技术国产化的工作。进入 21 世纪，火电厂二氧化硫控制步入以烟气脱硫为主的控制阶段。通过自主研发和在引进国外脱硫技术的基础上消化、吸收、再创新，中国已有石灰石—石膏湿法、烟气循环流化床、海水脱硫、脱硫除尘一体化、半干法等十多种烟气脱硫工艺技术得到应用。

专栏　脱　硫　技　术

燃煤电厂烟气脱硫技术中以石灰石—石膏湿法脱硫工艺为主，循环流化床法脱硫、海水脱硫、氨法脱硫等技术也有一定应用。

1. 石灰石—石膏湿法

石灰石—石膏湿法脱硫技术以含石灰石浆液为吸收剂，吸收烟气中二氧化硫、氟化氢和氯化氢等酸性气体。吸收塔型包括喷淋塔、液柱塔、鼓泡塔、填料塔、托盘塔等，其中喷淋塔由于其运行可靠、操作简单，应用最为广泛。在吸收塔内，烟气中二氧化硫与石灰石反应形成亚硫酸钙，再鼓入空气强制氧化，最后生成副产物石膏，从而达到脱除二氧化硫的目的，脱硫净烟气经除雾器除雾后排放。脱硫系统主要包括吸收系统、烟气系统、吸收剂制备系统、石膏脱水及存储系统、废水处理系统、除雾器系统、自动控制和在线监测系统。

石灰石—石膏法烟气脱硫工艺流程见图 2-20。

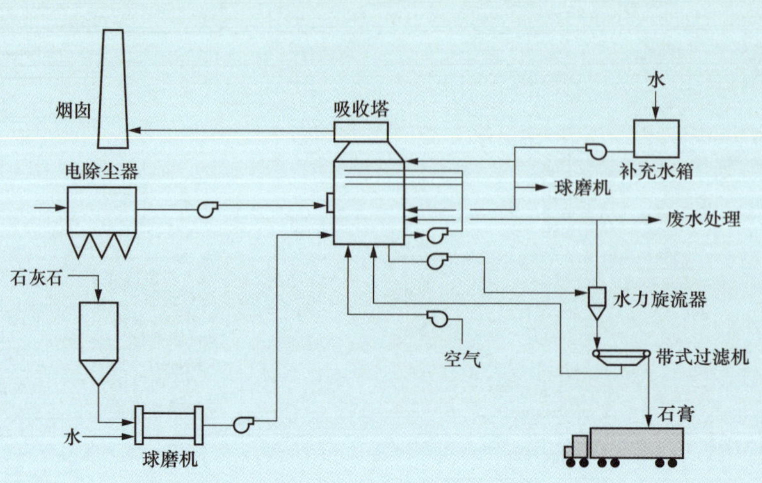

图 2-20　石灰石—石膏法烟气脱硫工艺流程

石灰石—石膏湿法脱硫技术成熟度高，堵塞、腐蚀等负面影响因素可控，运维成本低，脱硫塔内调节手段较多，其脱硫效率主要受浆液 pH 值、液气比、停留时间、吸收剂品质及用量、塔内气流分布等多种因素的影响。电厂可根据入口烟气条件和排放要求，通过改变物理传质系数或化学吸收效率等多种手段调节脱硫效率，保持长期稳定运行并实现达标排放。石灰石—石膏湿法脱硫技术对煤种、负荷变化均具有较强的适应性，同时该技术还可部分去除烟气中的颗粒物和重金属，随着燃煤电厂大气污染物超低排放的全面实施，湿法脱硫塔协同高效除尘已成为超低排放技术路线的重要组成部分。

为满足煤电二氧化硫超低排放等要求，燃煤电厂采取了湿法脱硫工艺的新技术，如采用新型喷嘴、喷淋层优化布置、增设托盘、性能增强环等，有效提升了单塔湿法脱硫的脱硫效率（可提升至 98%以上）。此外，针对含硫量较高的煤种，单塔双循环技术以及串级吸收塔技术脱硫效率可实现 99%以上。

二氧化硫提效改造的部分技术途径见图 2-21。

2. 其他脱硫技术

烟气循环流化床脱硫技术是以循环流化床原理为反应基础的烟气脱硫除尘技术，通过循环流化床吸收塔内与塔外的吸收剂的多次再循环，使吸收剂与烟气接触时间增加，从而提高脱硫效率和吸收剂的利用率。其技术原理是原烟气从底部进入吸收塔，经过文丘里段加速，与吸收剂、循环灰等混合形成烟气循环流化床，在循环流化床内，通过喷入的降温湿润水、高浓度颗粒间激烈地湍动与混合，发生气—固—液三相的离子型反应，烟气中二氧化硫及其他酸性气体与吸收剂氢氧化钙反应而被脱除。同时，

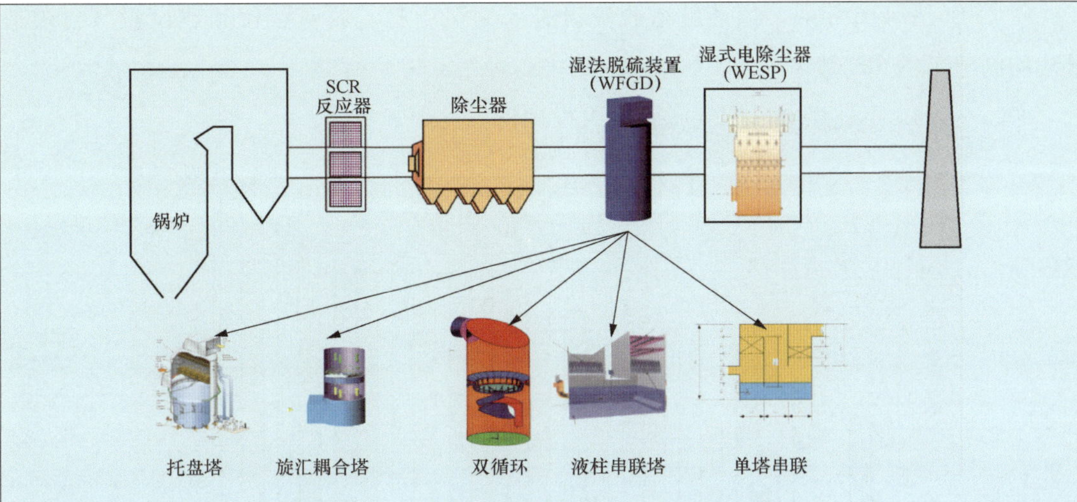

图 2-21 二氧化硫提效改造的部分技术途径

喷入的水分被充分蒸发，干燥含尘烟气从吸收塔顶部排出进入下游的脱硫除尘器收集脱硫副产物，除尘器收集的副产物大多循环回吸收塔进行高倍率循环反应利用，少量脱硫副产物通过输送设备外排。最后净化后的烟气经过引风机排出。

海水法以海水为脱硫吸收剂，利用海水中的 OH^-、HCO_3^-、CO_3^{2-} 等碱性离子(pH 值约为 8)，吸收烟气中的二氧化硫，再用空气强制氧化为硫酸盐溶于海水中的一种湿式烟气脱硫方法。系统脱硫效率可达 98%以上。但受地域限制，仅适用于拥有较好海域扩散条件的滨海电厂，适用的燃煤硫分不宜高于 1%。

氨法脱硫原理是利用溶解于水中的氨和烟气中的二氧化硫发生反应生成亚硫酸铵，再通过强制氧化生成副产品硫酸铵的脱硫工艺，脱硫效率可达到 98%以上。

3. 脱硫技术应用情况

2016 年底已投运燃煤发电机组烟气脱硫技术分布情况见图 2-22。

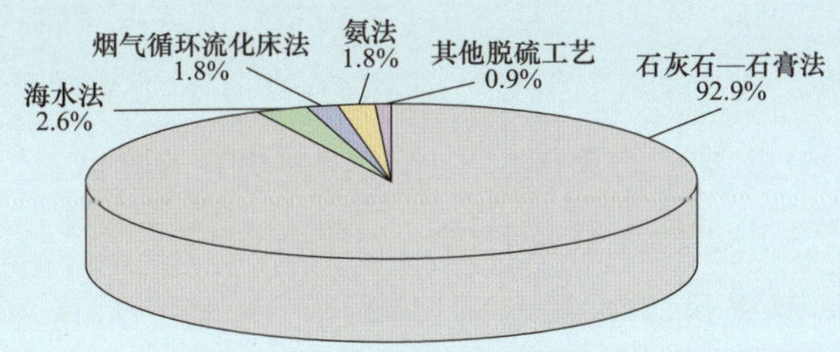

图 2-22 2016 年底已投运燃煤发电机组烟气脱硫技术分布情况

注：数据来源于中电联。

截至 2016 年年底，中国已投运燃煤电厂烟气脱硫机组容量约 8.8 亿千瓦，占煤电机组容量的 93.0%，加上具有脱硫作用的循环流化床锅炉，脱硫机组占煤电机组比例接近

100%。2005～2016 年间，累计新增脱硫设施 8.3 亿千瓦，脱硫装置年建设量（含改造量）均创造了世界奇迹。

2005～2016 年燃煤电厂烟气脱硫机组投运情况见图 2-23。

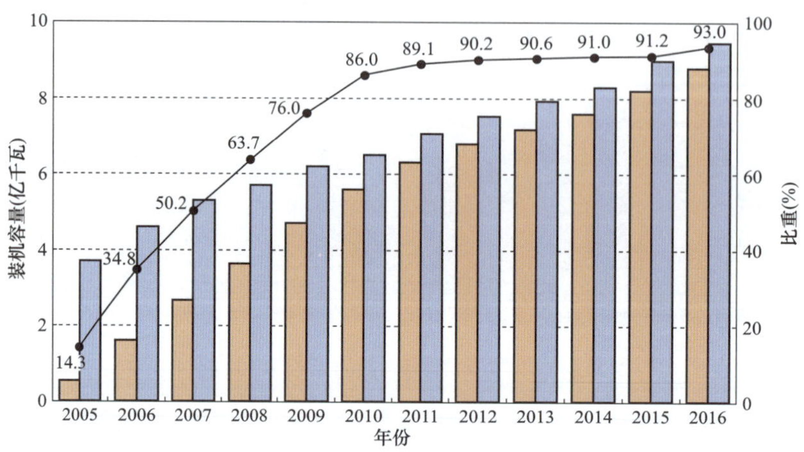

图 2-23　2005～2016 年燃煤电厂烟气脱硫机组投运情况

烟气脱硫机组　煤电机组　烟气脱硫机组比重

注：数据来源于中电联。

2.2.3　氮氧化物治理技术

相对于燃煤电厂的烟尘和二氧化硫控制，火电厂烟气脱硝起步较晚，1996 年和 2003 年修订的《火电厂大气污染物排放标准》对氮氧化物的控制要求都是基于低氮燃烧技术能达到的排放水平来制订的。《火电厂大气污染物排放标准》（GB 13223—2011）基于采用烟气脱硝技术规定了排放限值，极大促进了烟气脱硝技术在中国的应用。

燃煤电厂氮氧化物控制标准变化及控制技术的发展情况见图 2-24。

20 世纪 80 年代中后期，中国在引进先进大容量燃煤发电机组的同时，引进了锅炉低氮燃烧器的制造技术。从“八五”开始，新建的 30 万千瓦及以上火电机组基本都采用了低氮燃烧技术，氮氧化物排放的总体水平已有较为明显的降低。“十五”以来，新建燃煤机组全部按要求同步采用了低氮燃烧技术，一批现有机组结合技术改造也加装了低氮燃烧器。火电厂采用低氮燃烧方式基本可以满足《火电厂大气污染排放标准》（GB 13223—2003）要求。

“十五”后期，部分新建 60 万千瓦机组采用了国外引进的烟气脱硝技术；在“十一五”时期进行大规模脱硫实施改造的同时，部分环保公司开始研发或者从国外引进并消化吸收烟气脱硝技术，为“十二五”时期的烟气脱硝改造打下了一定的技术基础。随着 GB 13223—2011 的修订颁布以及“十二五”相关规划的实施，燃煤电厂开始大规模建设

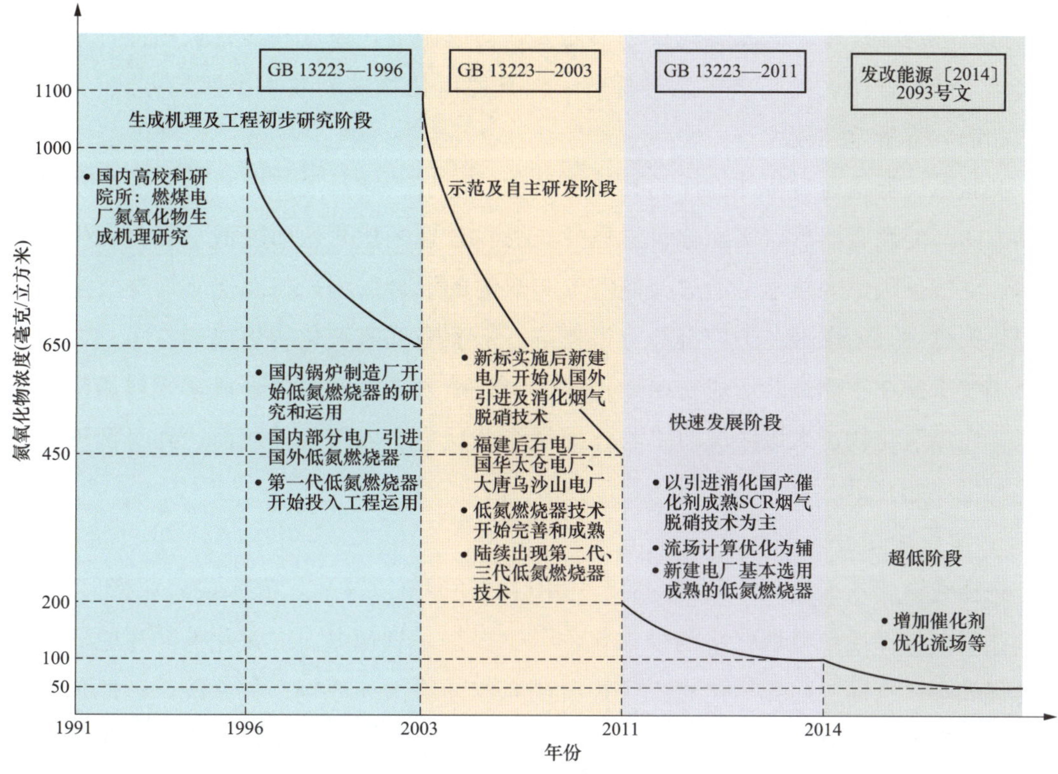

图 2-24 燃煤电厂氮氧化物控制标准变化及控制技术的发展情况

烟气脱硝设施。选择性催化还原脱硝工艺（SCR）采用的催化剂是工艺的核心技术，在“十二五”之前，中国主要采用进口催化剂；“十二五”期间，中国的多家环保企业建设了脱硝催化剂生产线，但大部分的催化剂用钛白粉还需要从国外进口；通过不断的科技攻关，“十二五”末期，中国基本上掌握了钛白粉的生产技术，实现了催化剂的完全国产化。

专栏　氮氧化物控制技术

控制火电厂氮氧化物排放的技术措施主要可以分为两类：一类是生成源控制，又称一次措施（即低氮燃烧技术），其特征是通过一种或多种技术手段，控制燃烧过程减少氮氧化物的生成。另一类是烟气治理脱硝技术，是指对烟气中已经生成的氮氧化物进行治理，烟气氮氧化物治理技术主要包括选择性催化还原法（SCR）、选择性非催化还原法（SNCR）、SNCR/SCR 联合脱硝技术等。

1. 低氮燃烧技术

低氮燃烧技术是通过合理配置炉内流场、温度场及物料分布以改变氮氧化物的生成环境，从而降低炉膛出口氮氧化物排放的技术，包括低氮燃烧器、空气分级燃烧、燃料分级燃烧等技术。低氮燃烧技术不需要任何脱硝剂，投资和运行费用低，具有使用简单、维护方便、无二次污染等优势，但其氮氧化物控制效率因燃烧方式、煤种、炉型和锅炉容量差别较大。

低氮燃烧器是通过特殊设计的燃烧器结构，控制燃烧器喉部燃料和空气的动量及流动方向，使燃烧器出口实现分级送风并与燃料合理配比，从而降低氮氧化物生成的技术。空气分级燃烧技术是通过控制空气与煤粉的混合过程，将燃烧所需空气逐级送入燃烧火焰中，使燃料在炉内分级分段燃烧，从而降低氮氧化物生成的技术。燃料分级燃烧技术是在主燃烧器形成初始燃烧区的上方喷入二次燃料以形成富燃料燃烧的再燃区，当氮氧化物进入该区域时将与还原性组分反应生成氮气，从而达到降低炉内氮氧化物生成的技术。

2. 烟气脱硝技术

选择性催化还原法（SCR）技术是利用脱硝还原剂（液氨、氨水或者尿素），在催化剂作用下选择性地将烟气中的氮氧化物（主要是一氧化氮、二氧化氮）还原成无害的氮气和水，从而脱除氮氧化物。SCR 脱硝系统一般由还原剂存储系统、还原剂混合系统、还原剂喷射系统、反应器系统及监测控制系统等组成。SCR 反应器多为高尘高温布置，即安装在锅炉省煤器与空气预热器之间。SCR 脱硝技术适应性强，适合我国燃煤机组煤质多变、机组负荷变动频繁的特点；适用于新建和现役机组改造；运行温度范围一般为 320～420℃，不同种类的催化剂 SCR 运行温度区间存在差异。

SCR 工艺流程见图 2-25。

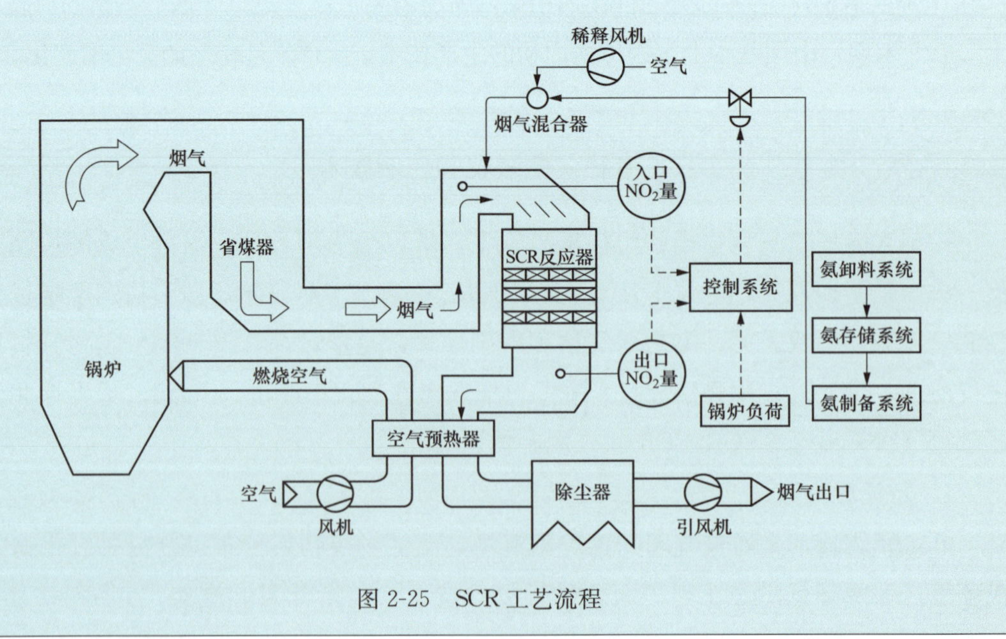

图 2-25　SCR 工艺流程

选择性非催化还原法（SNCR）是指在不使用催化剂的情况下，在炉膛烟气温度适宜处（850～1150℃）喷入含氨基的还原剂（一般为氨或尿素等），利用炉内高温促使氨和氮氧化物反应，将烟气中的氮氧化物还原为氮气和水。典型的SNCR系统由还原剂储存系统、还原剂喷入装置及相应的控制系统组成。与SCR技术相比，不需要催化剂和催化反应器，占地面积较小，建设周期短、改造方便、初始投资低，脱硝效率中等。SNCR脱硝技术对温度窗口要求严格，对机组负荷变化适应性差，适用于小型煤粉炉和循环流化床锅炉，60万千瓦及以上的煤粉锅炉单独应用该技术的很少。

SNCR/SCR联合脱硝技术是将SNCR技术与SCR技术联合应用，即在炉膛上部850～1150℃的高温区域对氮氧化物进行脱除，同时在锅炉尾部利用较少的催化剂进一步脱除氮氧化物，减少系统的氨逃逸。SNCR/SCR联合脱硝系统一般由还原剂储存系统、还原剂混合喷射系统、催化剂及监测控制系统等组成。与SCR脱硝技术相比，SNCR/SCR联合脱硝技术中的SCR反应器一般较小，催化剂层数较少，且一般不再喷氨，而是利用SNCR的逃逸氨进行脱硝。适合受空间限制无法加装大量催化剂的现役中小型锅炉的改造。

截至2016年年底，中国已投运火电厂烟气脱硝机组容量约为9.1亿千瓦，占火电装机容量85.8%（其他为燃机或者CFB锅炉）。常规煤电机组（煤粉炉）基本上采用SCR技术，部分CFB锅炉及极少数常规煤电机组采用SNCR技术或者SCR-SNCR技术。2011～2016年，累计新增脱硝机组8.2亿千瓦，年平均投运脱硝容量超过1亿千瓦。

2006～2016年火电厂烟气脱硝机组投运情况见图2-26。

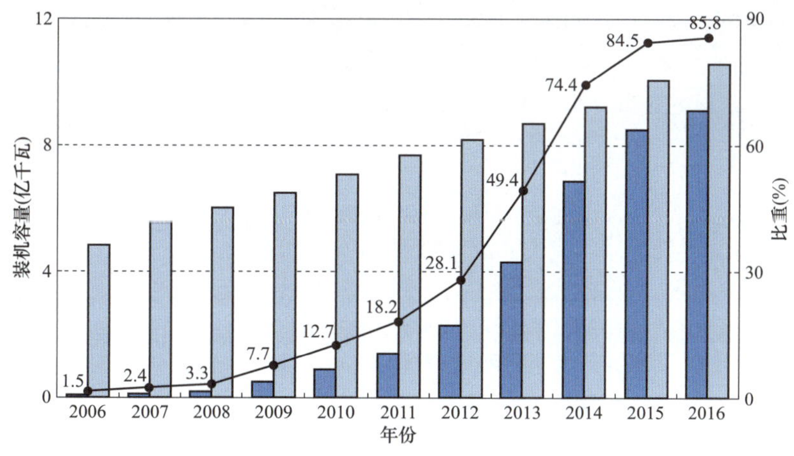

图2-26　2006～2016年火电厂烟气脱硝机组投运情况

■烟气脱硝机组　□火电机组　—●—烟气脱硝机组比重

注：数据来源于中电联。

2.2.4 废水治理技术

燃煤电厂普遍通过废水回收利用，细化废水梯级利用，减少排污量；改造水力输灰为气力输灰，大幅度减少电厂灰水量；提高循环水浓缩倍率等方式减少排水量。中国在火电厂用水优化设计、循环水高浓缩倍率水处理技术、超滤反渗透的应用边界拓展、高盐浓缩性废水处理等方面已经走在世界前列。

燃煤电厂的废水主要包括化学废水、脱硫废水、含油废水、含煤废水、排泥废水、除灰废水及其他工业废水和生活污水等，各类废水经过重复利用、梯度利用、回用，最终浓缩为高含盐量、高浊度废水并经一定方式处理实现达标排放。

燃煤电厂部分废水处理工艺汇总见表 2-6。

表 2-6　燃煤电厂部分废水处理工艺汇总

序号	工艺名称	处理方法及目的	处理后去向
1	循环水排污水处理工艺	经石灰、过滤、膜处理后，达到软化除盐目的	处理后回用至锅炉补给水系统或循环水系统；未处理的排污水可用于脱硫、除灰渣
2	含油废水处理工艺	经油水分离处理后，去除水中的有机物、酚、氨氮等	煤场喷淋、渣仓冲洗
3	含煤含渣废水处理工艺	通过混凝、沉淀、过滤，实现固液分离	返回原系统
4	生活污水处理工艺	利用生物接触氧化等技术去除污水有机物	绿化、工业水处理系统
5	其他废水回用工艺	空气预热器、省煤器和锅炉烟气侧等设备冲洗排水经中和、沉淀、过滤处理	返回原系统
6	化学再生废水处理工艺	经石灰、过滤、膜处理后，达到软化除盐目的	产水回用至化学车间补水，浓水或未经处理的水用于脱硫系统
7	全膜法除盐工艺	锅炉补给水系统利用超滤、反渗透、连续电除盐（EDI）等高效除盐技术，最大限度减少系统酸碱用量	淡水回用，浓水可用于脱硫
8	污泥浓缩脱水处理工艺	经过重力浓缩池和板框式压滤机、带式压滤机等污泥脱水后，实现水、泥分离	上清液回用于原处理单元，污泥外运处理
9	脱硫废水预处理工艺	经“三联箱”等加药工艺处理后，废水硬度、浊度降低	排放或深度处理
10	脱硫废水浓缩工艺	用超滤、反渗透、正渗透等膜处理方法，浓缩含盐废水	淡水回用，浓水进渣水系统或蒸发结晶处理
11	脱硫废水蒸发结晶处理工艺	应用多效蒸发、机械压缩再蒸发、烟道气蒸发等技术，将高浓度盐分结晶析出	

2.2.5 固废综合利用

燃煤电厂固体废物主要为粉煤灰与脱硫石膏。粉煤灰可用于生产建筑材料（如水泥、加气混凝土、陶粒、砂浆等）、生产筑路材料（如作路面基层材料、水泥混凝土路面等）、作为回填材料、农业以及提取高价值产品（如提取漂珠）等。脱硫石膏可用于水泥缓凝剂、石膏建材、改良土壤、回填路基材料等。目前，国内外燃煤电厂脱硫石膏和粉煤灰均以大宗利用为主，综合利用技术水平相当。中国以大宗利用为主（用作水泥缓凝剂），日本、欧盟等国家在实现大宗利用的同时，注重高附加值利用，如用于石膏板、自流平石膏等。

中国粉煤灰综合利用方向见图 2-27；2015 年美国粉煤灰综合利用方向见图 2-28；欧盟 15 国脱硫石膏综合利用情况见图 2-29。

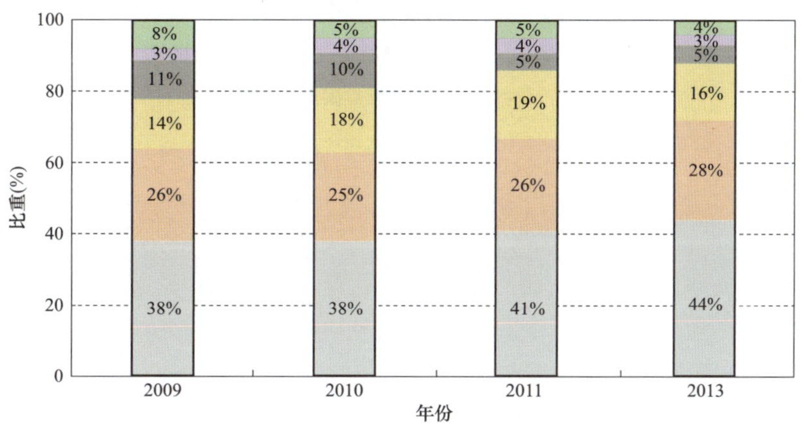

图 2-27 中国粉煤灰综合利用方向

□水泥 □墙材 □混凝土 ■筑路回填 □高附加值 □农业及其他

注：数据来源于国家发展改革委。

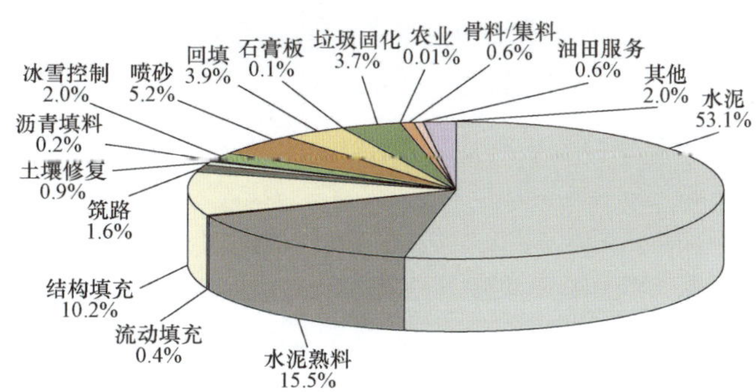

图 2-28 2015 年美国粉煤灰综合利用方向

注：数据来源于美国粉煤灰协会（ACAA）。

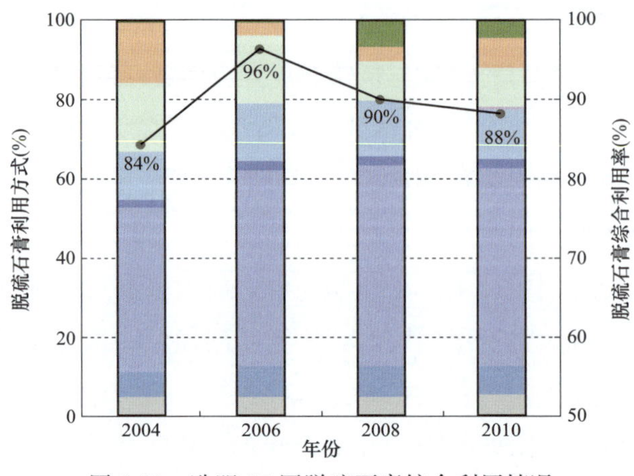

图 2-29　欧盟 15 国脱硫石膏综合利用情况

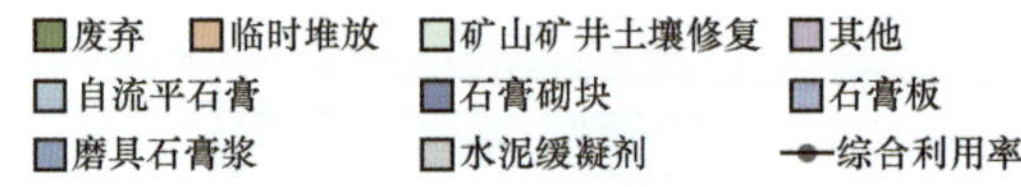

注：数据来源于欧洲燃煤副产品协会。

3 煤电清洁发展成效

在节能环保法律法规的约束下，在国家节能减排政策的引导和支持下，在先进燃煤发电技术、污染治理技术的支撑下，中国燃煤电厂清洁发展成效巨大，大气污染物排放量、单位发电量污染物排放量大幅度下降，废水排放控制、固体废物综合利用、供电煤耗、发电水耗等均达到世界先进水平，碳排放控制水平显著提升，为中国和全球环境保护事业做出了重大贡献。

3.1 大气污染物排放量快速下降

烟尘、二氧化硫、氮氧化物是煤电的主要大气污染物，虽然1979～2016年期间火电发电量增长了17.5倍，但经过专业高效的污染治理及持续的提效改造，煤电三项污染物排放大幅下降。烟尘排放量由1979年的约600万吨，降至2016年的35万吨左右，下降了94%；二氧化硫排放量在2006年达到顶峰1350万吨，2016年降至170万吨左右，比峰值下降了87%；氮氧化物排放量2011年达到顶峰1000万吨左右，2016年降至155万吨左右，比峰值下降了85%。

1979～2016年火电发电量与电力大气污染物排放情况见图3-1；2005～2016年电力三项大气污染物排放总量变化情况见图3-2。

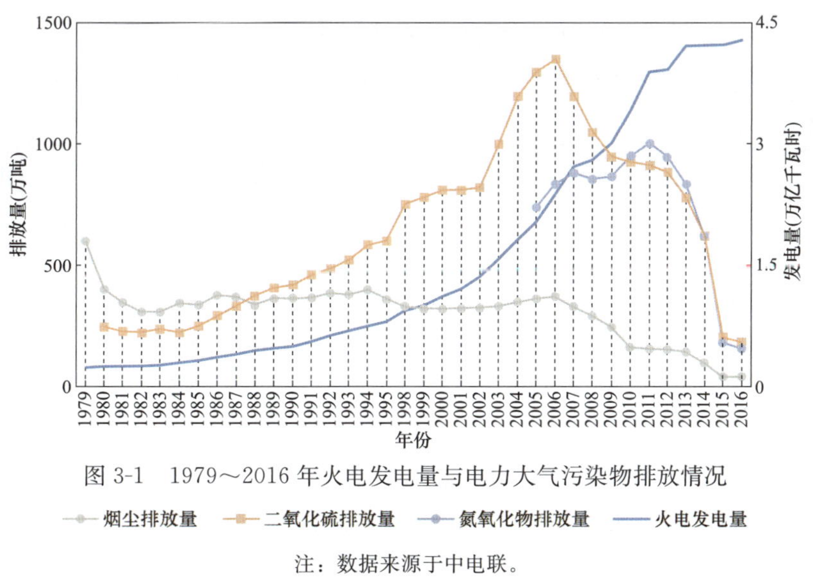

图3-1 1979～2016年火电发电量与电力大气污染物排放情况

注：数据来源于中电联。

从电力二氧化硫、氮氧化物排放量削减对国家污染物总量的排放贡献看，“十一五”

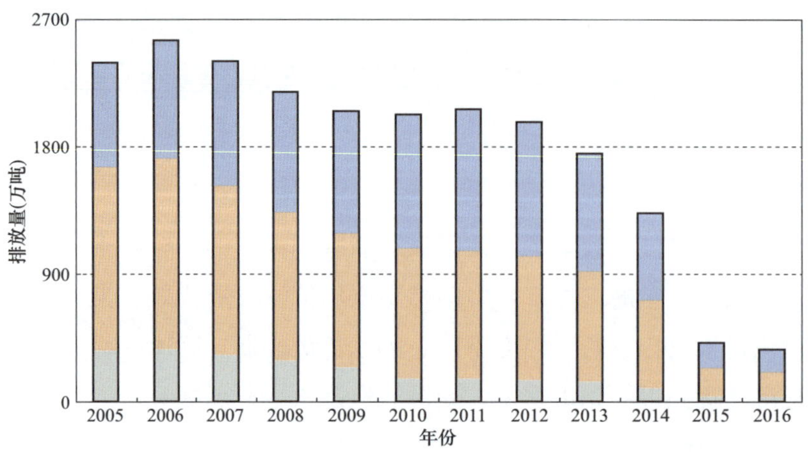

图 3-2 2005～2016 年电力三项大气污染物排放总量变化情况

注：数据来源于中电联。

期间，电力二氧化硫排放量减少 374 万吨、非电二氧化硫排放量增加 92 万吨，电力对全国的贡献率达到 132.6%；“十二五”期间，电力二氧化硫、氮氧化物排放量分别减少 726 万吨、770 万吨，非电二氧化硫、氮氧化物排放量分别增加 319 万吨、347 万吨，电力对全国贡献率分别达到 178.4%、182.0%，也就是说电力行业的二氧化硫、氮氧化物的减排贡献在完成全国污染物总量目标的基础上，有力地抵消了其他行业二氧化硫和氮氧化物排放量增加的态势。从电力污染物占全国的比重看，2005 年电力排放的二氧化硫占全国排放二氧化硫的 51%，2016 年降至 9.7%；2006 年电力排放的氮氧化物占全国排放氮氧化物的 54.9%，2016 年降至 8.7%。

电力与非电二氧化硫、氮氧化物排放变化情况见图 3-3。

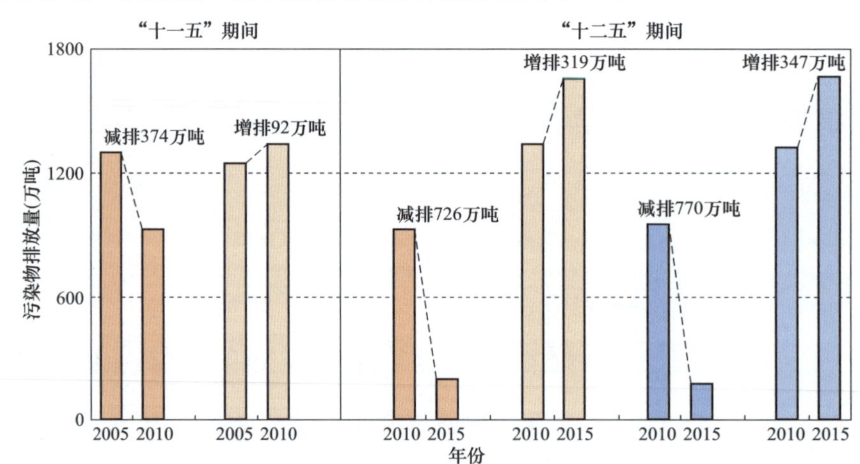

图 3-3 电力与非电二氧化硫、氮氧化物排放变化情况

注：非电污染物排放量为全国污染物排放量减去电力污染物排放量；数据来源于《环境保护年报》、中电联。

从火电单位发电量污染物排放量看，烟尘排放量由 1979 年的 25.9 克/千瓦时降至 2016 年的 0.08 克/千瓦时，下降 99.7%；二氧化硫排放量由 1980 年的 10.11 克/千瓦时降至 2016 年的 0.39 克/千瓦时，下降 96.1%；氮氧化物排放量由 2005 年的 3.62 克/千瓦时降至 2016 年的 0.36 克/千瓦时，下降 90%。

火电大气污染物排放绩效变化情况见图 3-4。

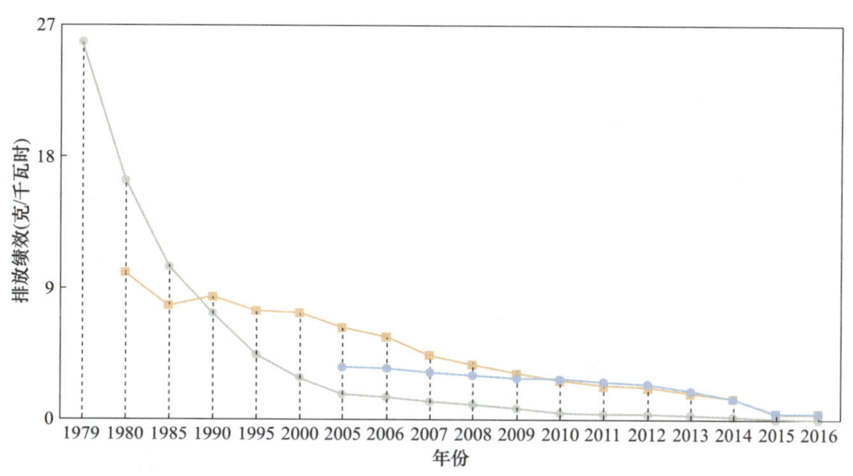

图 3-4　火电大气污染物排放绩效变化情况

烟尘　二氧化硫　氮氧化物

注：数据来源于中电联。

3.2　发电效率持续提高

煤电机组效率是电厂综合技术水平的集中表现，中国一般采用供电煤耗的高低表示煤电机组效率的高低，供电煤耗越低，机组净效率越高。随着煤电机组的“上大压小”、供热机组比重的提高和节能改造的广泛实施，中国火电机组供电煤耗持续下降。2016 年，全国 6000 千瓦及以上火电机组供电煤耗 312 克/千瓦时，比 1978 年的 471 克/千瓦时下降了 159 克/千瓦时，降幅达到 33.8%（注：火电供电煤耗包括了常规燃煤机组、燃煤供热机组以及其他火电类型的供电煤耗）。

1978～2016 年 6000 千瓦及以上火电厂供电煤耗情况见图 3-5。

从各机组等级供电煤耗统计情况看，与 2006 年相比，2016 年 60 万千瓦等级的火电供电煤耗下降 20 克/千瓦时，30 万千瓦等级机组供电煤耗下降 26 克/千瓦时，20 万千瓦等级机组下降 45 克/千瓦时，10 万千瓦等级机组下降 56 克/千瓦时，10 万千瓦以下等级机组下降 103 克/千瓦时。

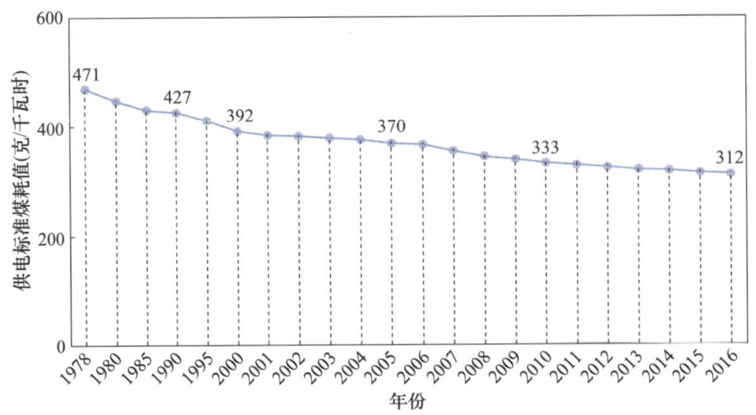

图 3-5　1978～2016 年 6000 千瓦及以上火电厂供电煤耗情况

注：数据来源于中电联。

2006 年与 2016 年不同容量火电机组供电煤耗情况见图 3-6。

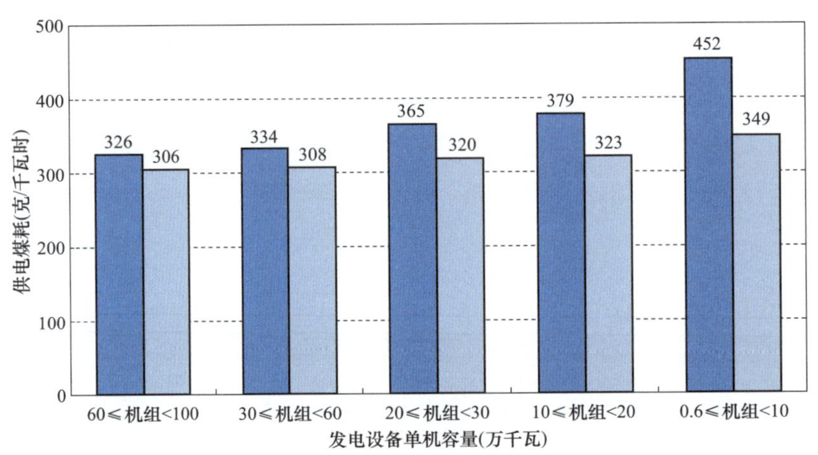

图 3-6　2006 年与 2016 年不同容量火电机组供电煤耗情况

2006年　2016年

注：数据来源于中电联。

中电联组织开展的 2016 年度全国 60 万千瓦级（含 100 万千瓦级）以上火电机组能效水平对标工作中，对标机组共有 358 台 60 万千瓦级和 69 台 100 万千瓦级机组。从历年的对标结果看，不同等级机组供电煤耗基本实现了持续下降。

近三年 100 万千瓦级超超临界纯凝式湿冷火电机组供电煤耗数据统计见表 3-1；60 万千瓦级超超临界、超临界和亚临界纯凝式湿冷火电机组供电煤耗数据统计分别见表 3-2、表 3-3 和表 3-4。

表 3-1　　100 万千瓦级超超临界纯凝式湿冷火电机组供电煤耗数据统计

年度	统计台数（台）	前 20%平均供电煤耗（克/千瓦时）	前 40%平均供电煤耗（克/千瓦时）	100%平均供电煤耗（克/千瓦时）	最优供电煤耗（克/千瓦时）
2016	75	275.82	278.45	285.02	271.16
2015	53	279.38	280.88	286.28	276.45
2014	50	281.25	283.45	287.65	278.56

注　数据来源于中电联电力评价咨询院。

表 3-2　　60 万千瓦级超超临界纯凝式湿冷火电机组供电煤耗数据统计

年度	统计台数（台）	前 20%平均供电煤耗（克/千瓦时）	前 40%平均供电煤耗（克/千瓦时）	100%平均供电煤耗（克/千瓦时）	最优供电煤耗（克/千瓦时）
2016	63	280.97	283.37	289.12	277.55
2015	57	282.45	284.72	291.72	278.94
2014	56	283.93	286.08	292.63	281.11

注　数据来源于中电联电力评价咨询院。

表 3-3　　60 万千瓦级超临界纯凝式湿冷火电机组供电煤耗数据统计

年度	统计台数（台）	前 20%平均供电煤耗（克/千瓦时）	前 40%平均供电煤耗（克/千瓦时）	100%平均供电煤耗（克/千瓦时）	最优供电煤耗（克/千瓦时）
2016	134	296.15	297.82	303.90	292.33
2015	135	296.13	297.7	303.12	293.37
2014	138	297.62	300.27	303.48	294.22

注　数据来源于中电联电力评价咨询院。

表 3-4　　60 万千瓦级亚临界纯凝式湿冷火电机组供电煤耗数据统计

年度	统计台数（台）	前 20%平均供电煤耗（克/千瓦时）	前 40%平均供电煤耗（克/千瓦时）	100%平均供电煤耗（克/千瓦时）	最优供电煤耗（克/千瓦时）
2016	73	305.73	308.64	315.79	303.08
2015	75	309.30	311.51	316.78	307.45
2014	80	308.59	316.95	316.95	306.24

注　数据来源于中电联电力评价咨询院。

专栏　《常规燃煤发电机组单位产品能源消耗限额》国家标准

为进一步促进燃煤发电机组节能降耗工作，2007 年国家质监总局、国家标准化管理委员会发布《常规燃煤发电机组单位产品能源消耗限额》（GB 21258—2007），规定了新建及现有燃煤发电机组的单位电能能源消耗限额（即供电煤耗）。2013 年、2017 年分两次对该标准进行了修订，对新建机组、现有机组煤耗全面提高了要求。由于 GB 21258 为强制性国家标准，修订标准后部分超过标准限额的机组必须进行节能改造才能满足要求。以 2 台 60 万千瓦超临界机组为例，按年利用 5000 小时计算，GB 21258—

2013 标准规定年最高燃标煤量不应超过 183.6 万吨，而 GB 21258—2017 标准规定年最高燃标煤量不应超过 180 万吨，比 GB 21258—2013 的标准年节省标煤 3.6 万吨以上。

现有机组供电煤耗限定值变化情况见表 3-5、现有机组供电煤耗限定值变化情况见图 3-7、新建机组供电煤耗准入值变化情况见图 3-8。

表 3-5　　现有机组供电煤耗限定值变化情况

压力参数	容量级别（万千瓦）	GB 21258—2007	GB 21258—2013	GB 21258—2017
		供电煤耗（克/千瓦时）		
超超临界	100	—	≤290	≤285
	60	—	≤298	≤293
超临界	60	≤320	≤306	≤300
	30	—	≤319	≤308
亚临界	60	≤330	≤320	≤314
	30	≤340	≤331	≤323
超高压	20，12.5	≤375	≤360	≤352
高压	10	≤395	≤375	—

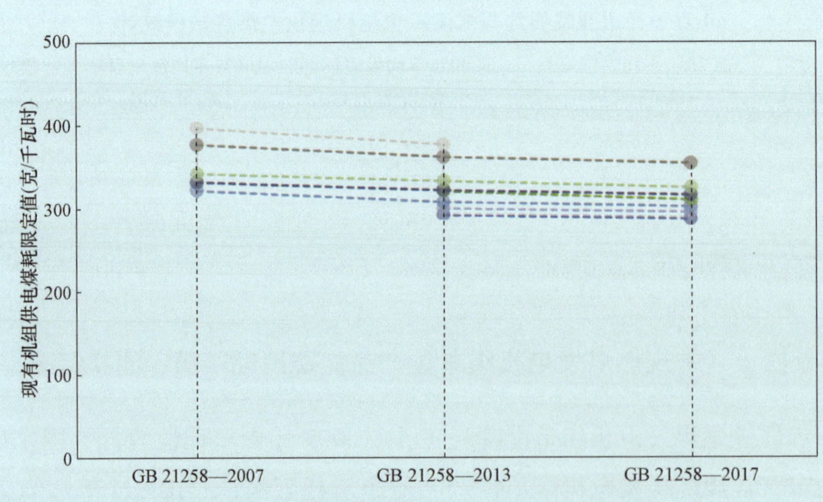

图 3-7　现有机组供电煤耗限定值变化情况

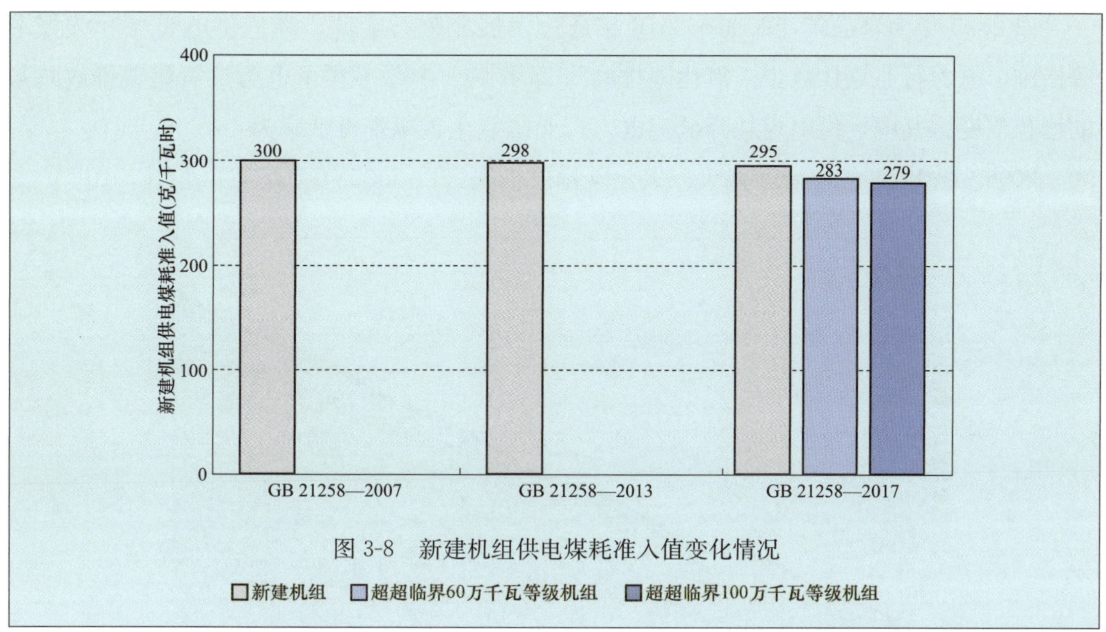

图 3-8 新建机组供电煤耗准入值变化情况

3.3 碳排放强度不断下降

中国电力行业二氧化碳排放占全国能源消耗产生二氧化碳排放总量的 40%左右。2005 年以来，通过采取结构调整、技术减排、管理优化等方面的措施，电力行业碳排放强度持续下降。经中电联初步统计分析，2016 年，全国单位火电发电量二氧化碳排放约 822 克/千瓦时，比 2005 年下降 21.6%。2015 年全国火电单位供电二氧化碳排放比 2010 年下降了近 8%，超额完成《国家应对气候变化规划（2014—2020）》提出的“2015 年全国火电单位供电二氧化碳排放比 2010 年下降 3%左右”的目标要求。

2005～2016 年火电二氧化碳排放强度变化情况见图 3-9。

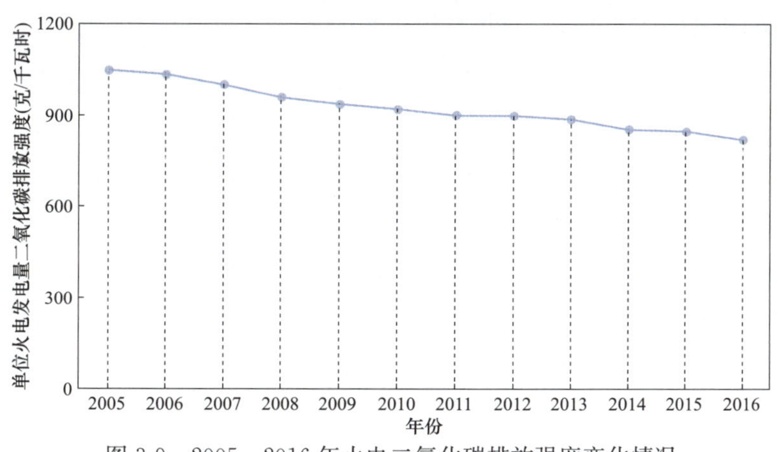

图 3-9 2005～2016 年火电二氧化碳排放强度变化情况

注：数据来源于中电联。

以 2005 年为基准年，2006～2016 年通过发展非化石能源、降低供电煤耗和线损率等措施，电力行业累计减少二氧化碳排放约 94 亿吨，有效减缓了电力二氧化碳排放总量的增长幅度。其中，供电煤耗降低对电力行业二氧化碳减排贡献率为 46%。

2006～2016 年各种措施减少二氧化碳排放情况（以 2005 年为基准）见图 3-10。

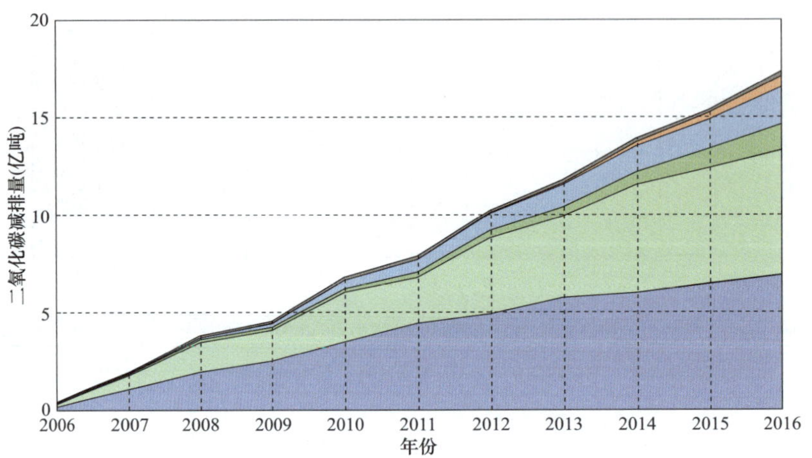

图 3-10 2006～2016 年各种措施减少二氧化碳排放情况（以 2005 年为基准）

■ 降低线损率 ■ 发展太阳能发电 ■ 发展风电 ■ 发展核电 ■ 发展水电 ■ 降低供电煤耗

注：数据来源于中电联。

专栏 电力行业示范应用碳捕集技术

碳捕集、封存、利用技术（CCUS）是新兴的温室气体控制技术，是未来大规模削减温室气体的主要技术途径，该技术目前总体上处于研发示范阶段。近年来，中国电力行业针对碳捕集技术进行了有效探索、示范和储备，在燃烧前捕集、燃烧后捕集、富氧燃烧等方面均有一定研究、建设和应用。

在燃烧后捕集方面，自 2007 年 12 月，华能北京热电厂建成中国第一个燃煤电厂燃后捕集示范项目以来，中国已有 4 座火电厂建设或应用碳捕集技术试验示范装置。从国外火电厂投运碳捕集项目情况看，目前有 2014 年投运的加拿大萨斯科彻温省的边界大坝第三机组发电厂碳捕集项目（二氧化碳捕集能力约 100 万吨/年）和 2017 年投运的德克萨斯州的佩特拉诺瓦碳捕集项目（二氧化碳捕集能力约 140 万吨/年）。

在燃烧前捕集方面，自 20 世纪 80 年代中期开始运行第一台整体煤气化联合循环发电机组（IGCC）以来，现在全世界已建、在建和拟建的机组近 30 套。中国现已具有 30 万千瓦级容量整体煤气化联合循环发电机组的气化炉设计及建设经验，华能天津 IGCC 示范电站（机组容量 25 万千瓦）于 2012 年 11 月投运（见图 3-11）。

图 3-11 华能天津 IGCC 示范电站

在富氧燃烧技术方面，国内外已建成多套试验装置和系统，中国、美国和英国等国家均在积极开展示范工程，欧洲已有在小型电厂进行改造的富氧燃烧项目，但截至目前，尚未有大规模全流程的富氧燃烧示范电站建成。

中国电力行业二氧化碳捕集示范项目见表 3-6。

表 3-6　　中国电力行业二氧化碳捕集示范项目

项 目 名 称	捕集类型	投运时间	捕集能力
华能天津 25 万千瓦 IGCC 示范工程	燃烧前	2012 年	—
华能北京热电厂 碳捕集试验示范装置	燃烧后	2008 年	0.3 万吨/年
华能上海石洞口第二电厂 二氧化碳捕集装置	燃烧后	2009 年	12 万吨/年
重庆合川双槐电厂 二氧化碳捕集装置	燃烧后	2009 年	1 万吨/年
大唐高井燃气电厂 二氧化碳捕集示范装置	燃烧后	2014 年	1825 吨/年
山西东光热电 35 万千瓦超临界 空冷供热工程富氧燃烧示范项目	富氧燃烧	正在建设 预计 2020 年投运	200 万吨/年

3.4 耗水与废水排放逐年减少

火电耗水量 2000 年达到 45 亿吨，2011 年达到峰值 91.3 亿吨，随后耗水量逐年下降，2016 年降至 55.8 亿吨。火电单位发电量耗水量持续下降，由 2000 年的 4.1 千克/千瓦时降至 2016 年的 1.3 千克/千瓦时，降幅达到 68%。

2000～2016 年火电行业耗水量、耗水强度变化情况分别见图 3-12、图 3-13。

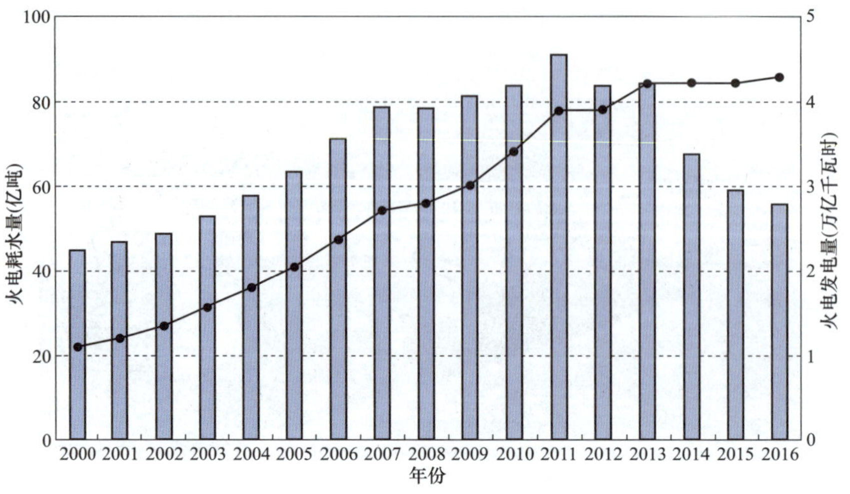

图 3-12　2000～2016 年火电行业耗水量变化情况

注：数据来源于中电联。

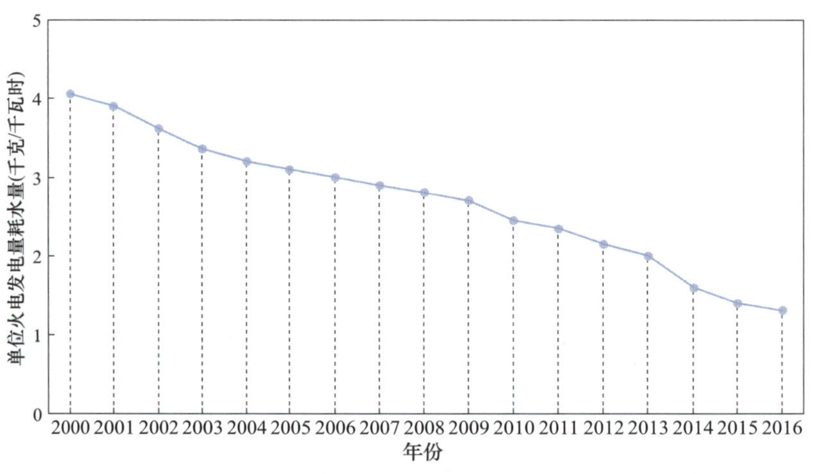

图 3-13　2000～2016 年火电行业耗水强度变化情况

注：数据来源于中电联。

专栏　燃煤发电机组用水要求

当前中国水资源面临的形势十分严峻，水资源短缺、水污染严重、水生态环境恶化等问题日益突出，已成为制约经济社会可持续发展的主要瓶颈之一。水资源已成为缺水地区尤其是“三北”地区、煤炭基地煤电发展的核心制约因素之一。

为提高煤电机组的节用水工作水平，中国于 2002 年首次颁布《取水定额　第 1 部分：火电》GB/T 18916.1，并在 2012 年进行修订，该标准规定了火电机组单位发电量及装机容量的取水限额要求。与 GB/T 18916.1—2002 相比，在定额指标项目方面，GB/T 18916.1—2012 增加了空气冷却的单位发电量和单位装机容量的取水量定额指标，并对各冷却形式的单机容量等级进行了细分，由原来两个等级划分为三个等级；在单位发电量取水量定额指标方面，30 万千瓦以下机组的取水量定额指标约降低 34%左右，30 万千瓦等级机组约降低 28%左右，60 万千瓦以上机组约降低 37%左右。以 2 台 30 万千瓦循环冷却机组为例，按年利用 5000 小时计算，2002 年版标准要求取水量最高限为 1440 万立方米，2012 年取水量最高限降至 960 万立方米，燃煤电厂年节约用水 480 万立方米，取水量降低 33%。

GB/T 18916.1—2002 与 GB/T 18916.1—2012 定额指标对比见图 3-14。

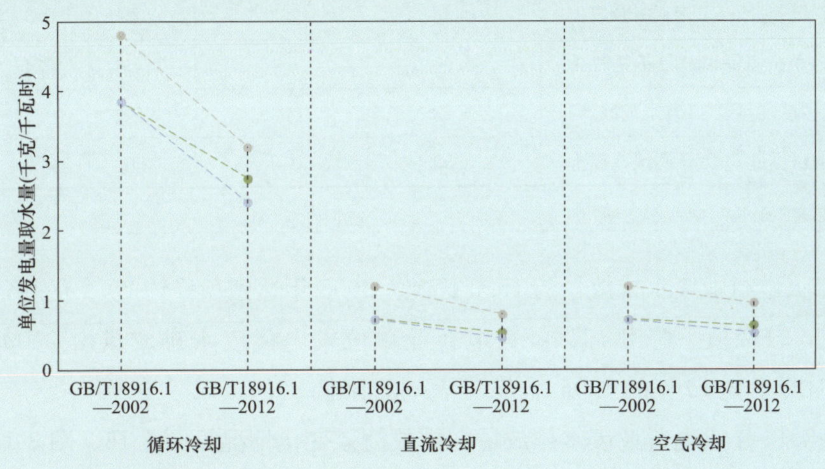

图 3-14 GB/T 18916.1—2002 与 GB/T 18916.1—2012 定额指标对比

此外，为促进火电节水工作，中国制定颁布了《节水型企业 火力发电行业》(GB/T 26925—2011)、《电力（燃煤发电企业）行业清洁生产评价指标体系》等。其中，《节水型企业 火力发电行业》用于火电行业节水型企业的评价工作，比《取水定额 第 1 部分：火电》限额数值平均低 38%左右；《电力（燃煤发电企业）行业清洁生产评价指标体系》用于发电企业的清洁生产审核、绩效评定、环境影响评价，该指标体系依据综合评价所得分值将清洁生产等级划分为三级，Ⅰ级为国际清洁生产领先水平，Ⅱ级为国内清洁生产领先水平，Ⅲ级为国内清洁生产基本水平，其中Ⅰ级基准值限额最低，Ⅲ级基准值限额与《节水型企业 火力发电行业》限额相当。

不同标准对火电厂用水要求见表 3-7。

表 3-7　　不同标准对火电厂用水要求　　单位：千克/千瓦时

水耗指标要求		《取水定额 第1部分：火电》（GB/T 18916.1—2012）	《节水型企业 火力发电行业》（GB/T 26925—2011）	《电力（燃煤发电企业）行业清洁生产评价指标体系》		
				Ⅰ级基准值	Ⅱ级基准值	Ⅲ级基准值
循环冷却	单机容量＜30万千瓦级	3.20	1.85	1.7	1.78	1.85
	单机容量30万千瓦级	2.75	1.71	1.55	1.63	1.71
	单机容量60万千瓦级及以上	2.40	1.68	1.49	1.56	1.68
直流冷却	单机容量＜30万千瓦级	0.79	0.41	0.36	0.39	0.41
	单机容量30万千瓦级	0.54	0.34	0.3	0.32	0.34
	单机容量60万千瓦级及以上	0.46	0.33	0.29	0.31	0.33
空气冷却	单机容量＜30万千瓦级	0.95	0.45	0.39	0.41	0.45
	单机容量30万千瓦级	0.63	0.38	0.32	0.35	0.38
	单机容量60万千瓦级及以上	0.53	0.37	0.31	0.34	0.37

2000年火电行业废水排放量为15.3亿吨，2005年达到顶峰约20.2亿吨，2016年降至2.6亿吨，较峰值下降87.1%。火电行业单位发电量废水排放量由2000年的1.38千克/千瓦时降至2016年的0.06千克/千瓦时，降低95.7%。

2000～2016年火电行业废水排放量、排放绩效变化情况见图3-15、图3-16。

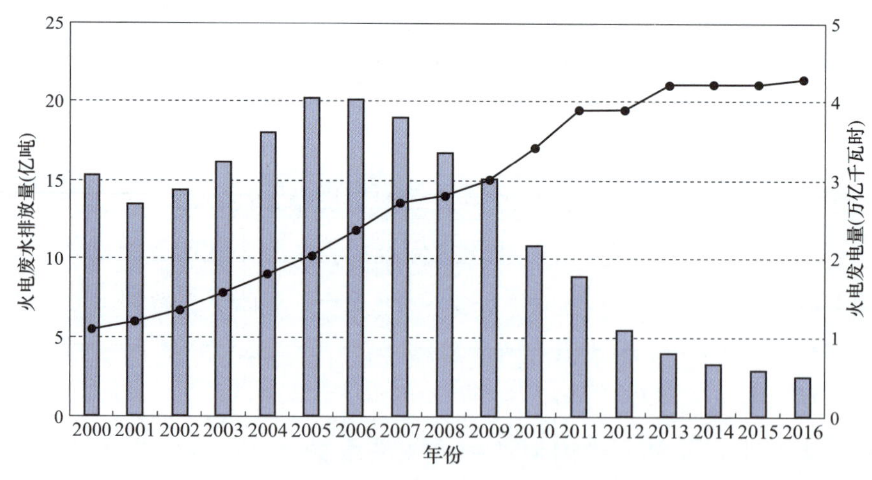

图3-15　2000～2016年火电行业废水排放量变化情况

火电废水排放量　火电发电量

注：数据来源于中电联。

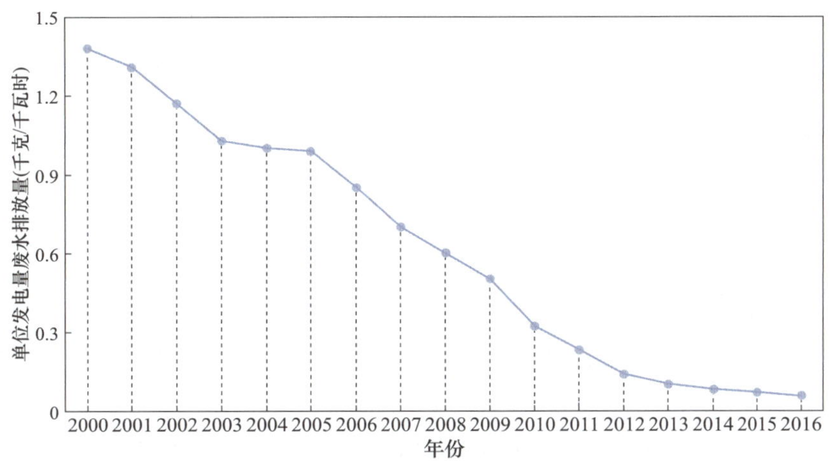

图 3-16　2000～2016 年火电行业废水排放绩效变化情况

注：数据来源于中电联。

3.5　固废综合利用水平不断提高

燃煤电厂产生的固体废物主要是脱硫石膏和粉煤灰，由于各国经济水平、发展阶段、产业结构等不同，电力固废综合利用水平差异较大，但将脱硫石膏和粉煤灰作为一种可开发利用的资源，是各国的普遍共识。2016 年，全国燃煤电厂产生粉煤灰约 5 亿吨，综合利用率约为 72%；产生脱硫石膏约 7250 万吨，综合利用率约 74%。

2001～2016 年燃煤电厂粉煤灰产生与利用情况见图 3-17；2005～2016 年燃煤电厂脱硫石膏产生与利用情况见图 3-18。

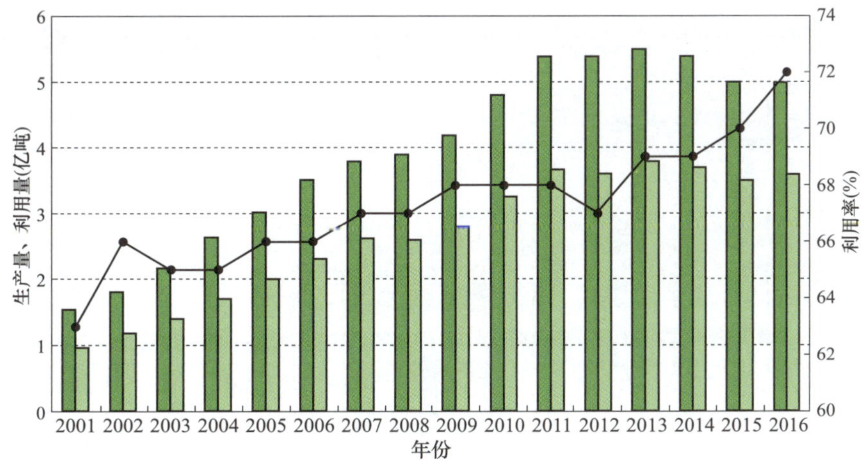

图 3-17　2001～2016 年燃煤电厂粉煤灰产生与利用情况

粉煤灰生产量　粉煤灰综合利用量　综合利用率

注：数据来源于中电联。

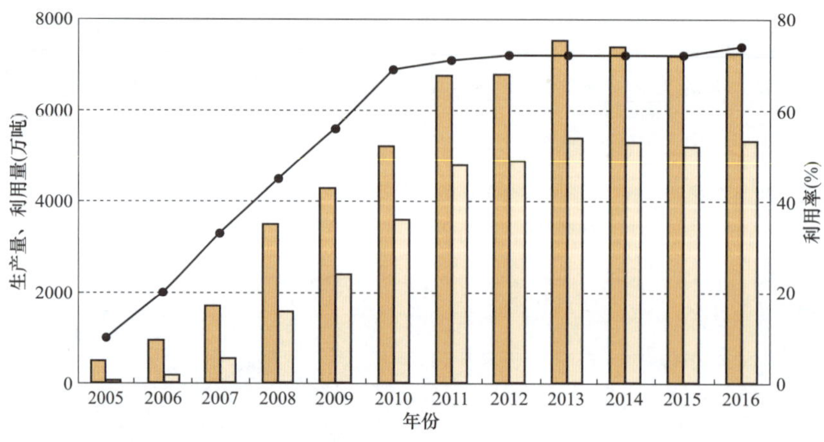

图 3-18　2005～2016 年燃煤电厂脱硫石膏产生与利用情况

脱硫石膏产生　脱硫石膏综合利用量　综合利用率

注：数据来源于中电联。

3.6　煤电清洁发展国际比较

3.6.1　大气污染物排放控制

中国火电装机容量及发电量在全世界处于首位，在同样污染物治理水平下，中国污染物排放量本应高于其他国家。实际上，由于中国电力环保治理力度及管理水平不断提高，尽管中国 2015 年燃煤发电量是美国的 2.4 倍、火电发电量是美国的 1.5 倍，但烟尘、二氧化硫、氮氧化物三项污染物年排放总量与美国基本持平，美国为 437 万吨、中国为 420 万吨；2015 年中国电力二氧化硫排放量降至 200 万吨，比美国少排放 55 万吨；氮氧化物排放略低于美国；烟尘排放量略高于美国 17 万吨（注：中美两国统计口径不一致，美国烟尘实际为颗粒物 PM_{10} 排放量，中国为烟尘排放量）。

中美电力二氧化硫、氮氧化物、烟尘（颗粒物）排放比较分别见图 3-19～图 3-21。

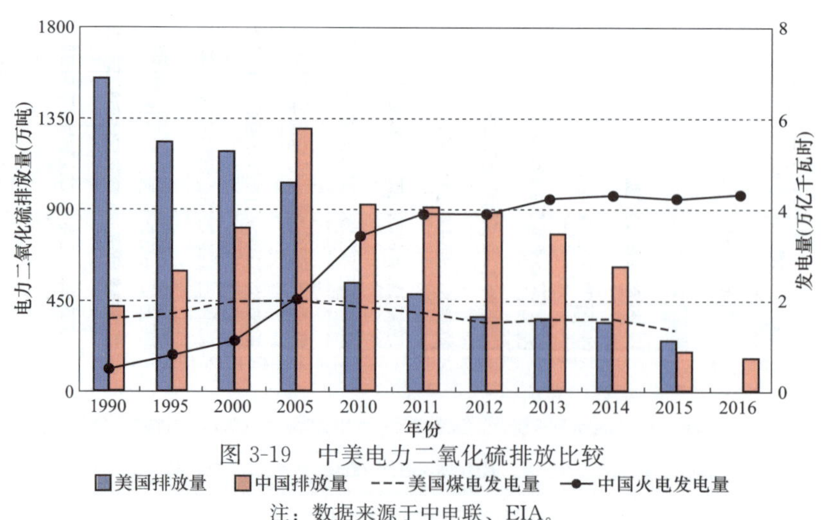

图 3-19　中美电力二氧化硫排放比较

美国排放量　中国排放量　美国煤电发电量　中国火电发电量

注：数据来源于中电联、EIA。

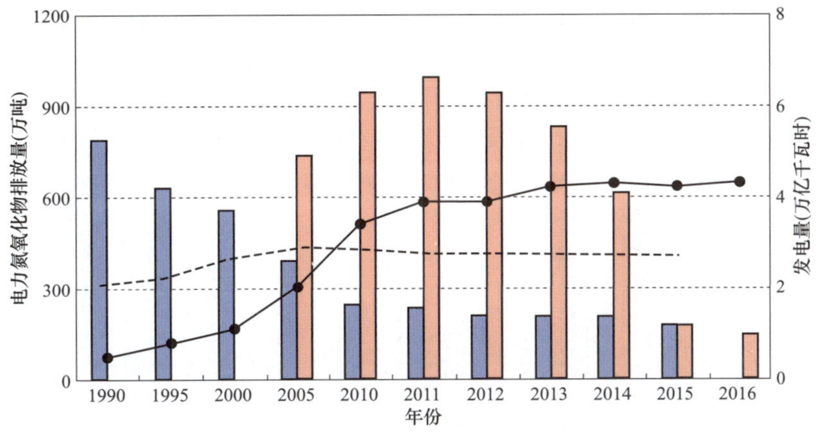

图 3-20　中美电力氮氧化物排放比较

美国排放量　中国排放量　美国火电发电量　中国火电发电量

注：数据来源于中电联、EIA。

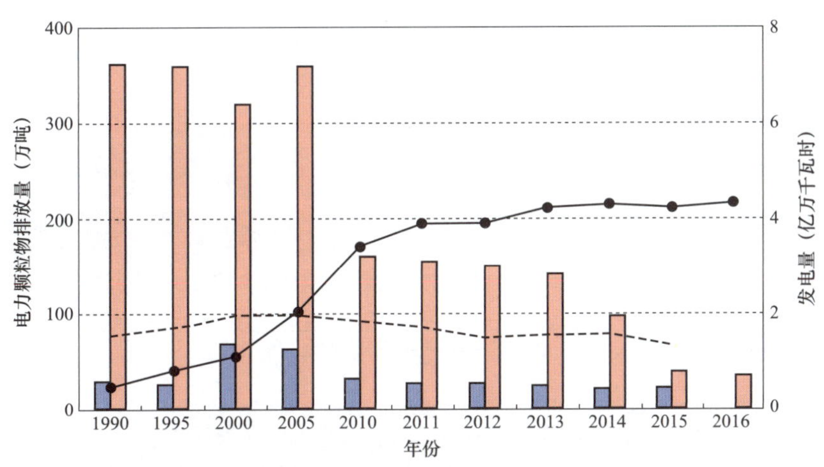

图 3-21　中美电力烟尘（颗粒物）排放比较

美国排放量　中国排放量　美国煤电发电量　中国火电发电量

注：数据来源于中电联、EIA。

单位火电发电量大气污染物排放量（即排放绩效）是表示化石燃料电厂污染物控制水平的重要指标。火力发电燃气机组主要排放氮氧化物，烟尘（颗粒物）及二氧化硫排放浓度很低，因此，火电结构中燃气机组发电量占比较大的国家排放绩效好。2015 年美国气电发电量占火电发电量的比重为 49%、中国为 4%，但中国以煤为主的火电二氧化硫、氮氧化物排放绩效已经好于除日本外的其他国家。单纯就煤电来比较，单位发电量二氧化硫、氮氧化物排放量已经达到世界先进水平。

世界部分国家火力发电量结构见图 3-22，世界部分国家火电二氧化硫、氮氧化物排放绩效分别见图 3-23、图 3-24。

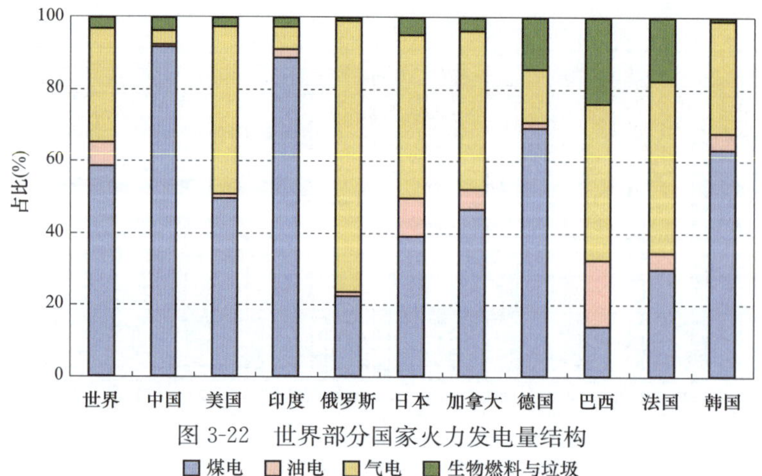

图 3-22　世界部分国家火力发电量结构

■煤电 ■油电 ■气电 ■生物燃料与垃圾

注：世界、印度、俄罗斯、巴西为 2014 年数据，其他国家为 2015 年数据。数据来源于中电联、IEA。

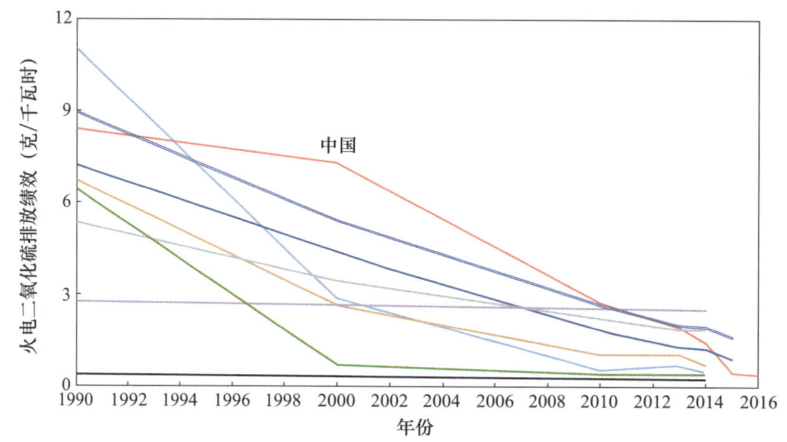

图 3-23　世界部分国家火电二氧化硫排放绩效

—加拿大　—法国　—德国　—日本　—英国　—美国-火电　—美国-煤电　—中国　—澳大利亚

注：数据来源于中电联、EIA、OECD。

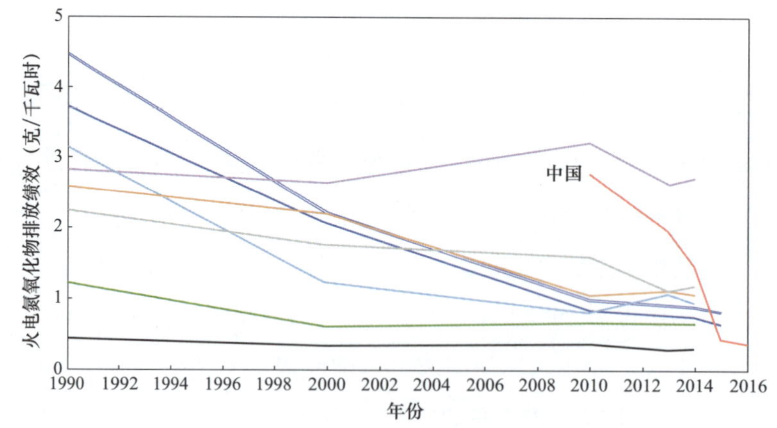

图 3-24　世界部分国家火电氮氧化物排放绩效

—加拿大　—法国　—德国　—日本　—英国　—美国-火电　—美国-煤电　—中国　—澳大利亚

注：数据来源于中电联、EIA、OECD。

从中美电力环保设施配置率对比看，中国煤电机组烟气脱硫设施配置比例从 2007 年开始高于美国，2015 年达到 91.2%（其他为具有脱硫能力的循环流化床锅炉），比美国高 11.6 个百分点。中国火电烟气脱硝比例从 2013 年开始高于美国，2015 年达到 84.5%，比美国高 37.3 个百分点。从其他国家燃煤发电机组脱硫设施情况看，日本、德国、韩国等大型燃煤发电机组一般都配置脱硫设施，而印度等发展中国家燃煤电厂普遍配置除尘设施，脱硫、脱硝设施尚未普及。

2005～2016 年中美电力环保设施配置情况见图 2-25。

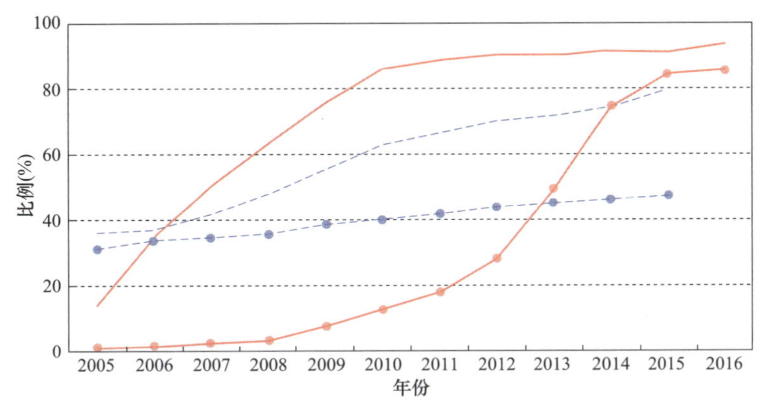

图 3-25　2005～2016 年中美电力环保设施配置情况

中国煤电脱硫比例　中国火电脱硝比例　美国煤电脱硫比例　美国火电脱硝比例

注：数据来源于中电联、EIA。

专栏　世界煤电大气污染物排放标准比较

各国燃煤电厂污染物控制水平与污染物排放标准密切相关。制定国家级的排放标准，对火电厂实施普遍性的要求是各国的通常做法，欧盟、日本、美国、德国等国家和地区都有国家级的排放标准。同时，为了满足地方或者区域的环境要求，如欧盟的成员国、日本的都道府县、美国的各州，包括中国的各省市都可以制定严于国家标准的地方标准。

各国间的排放限值由于限定的条件、方式等不同，一般不能简单地进行对比。但典型机组在特定条件下，排放限值的对比还能够体现不同国家对火电机组普遍性要求的差异。GB 13223—2011 规定的新建机组、现有机组排放限值全面超过了其他国家和地区的同类标准，为全世界最严标准（时间截至 2016 年 12 月世界各国出台的排放标准）。

主要国家和地区新建大型燃煤电厂二氧化硫、氮氧化物、烟尘排放浓度限值比较分别见图 3-26、图 3-27、图 3-28，部分国家现有大型燃煤电厂二氧化硫、氮氧化物、烟尘排放浓度限值比较分别见图 3-29、图 3-30、图 3-31。

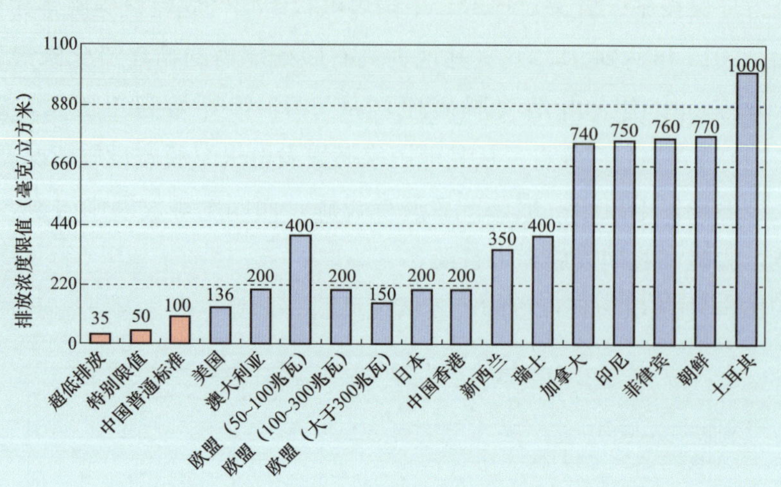

图 3-26　主要国家和地区新建大型燃煤电厂二氧化硫排放浓度限值比较

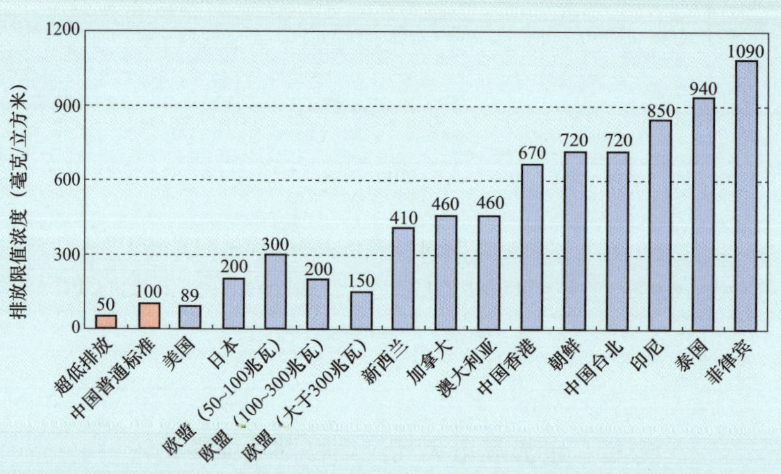

图 3-27　主要国家和地区新建大型燃煤电厂氮氧化物排放浓度限值比较

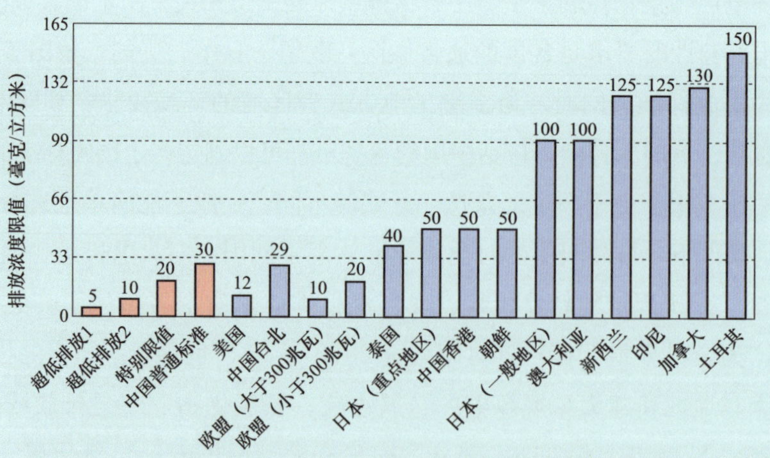

图 3-28　主要国家和地区新建大型燃煤电厂烟尘排放浓度限值比较

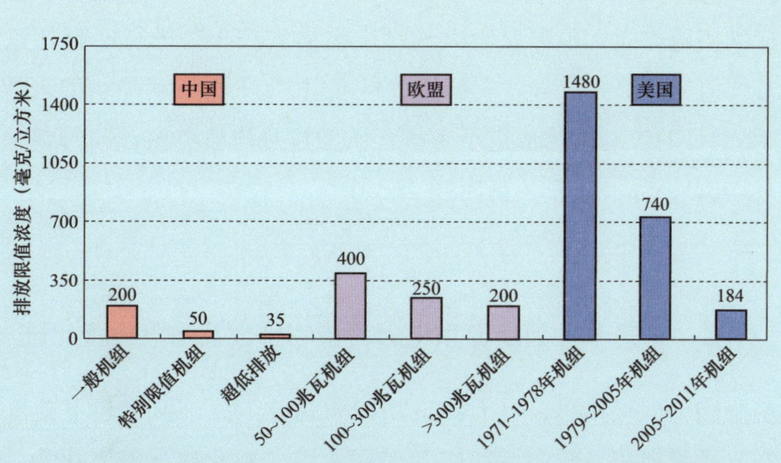

图 3-29 部分国家现有大型燃煤电厂二氧化硫排放浓度限值比较

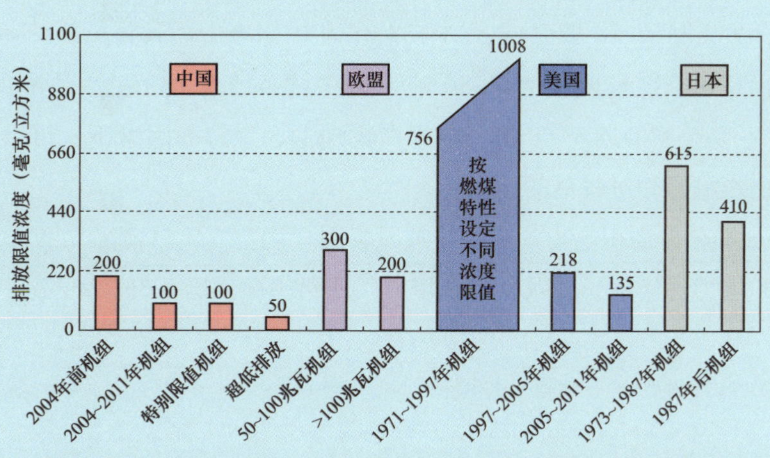

图 3-30 部分国家现有大型燃煤电厂氮氧化物排放浓度限值比较

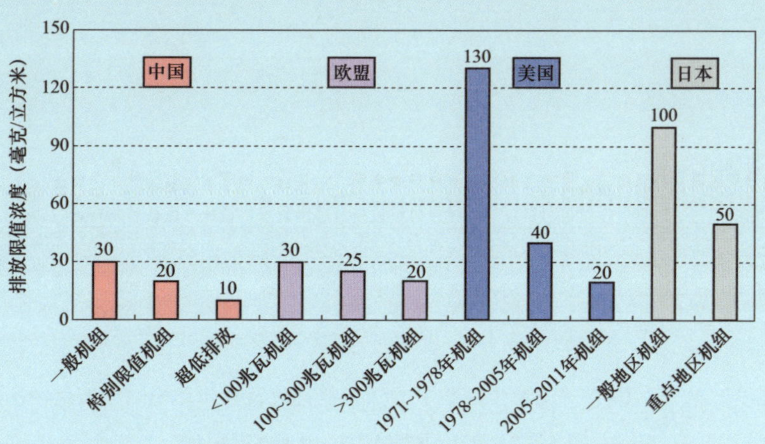

图 3-31 部分国家现有大型燃煤电厂烟尘排放浓度限值比较

在排放标准实施方面，中国煤电大气污染物排放按小时进行考核，该方式要求远严于按日、月均值考核形式。如，美国排放标准以 30 天的滚动平均值来考核，煤矸石机组则是以 12 个月的滚动平均值进行考核；欧盟按月均值考核，同时规定小时均值不应超标准（月均值）200%，日均值不超 110%。

专栏　中美单位国土面积电力污染物排放及空气质量比较

中国和美国国土面积相当、电力污染物排放相差不大，但实际上美国各州和中国各省的环境空气质量却相差较大。2015 年美国火电二氧化硫、氮氧化物、颗粒物三项污染物合计排放约 437 万吨，折算每万平方面积污染物排放量为 4506 吨，当年各州平均 $PM_{2.5}$ 的浓度仅为 5～12 微克/立方米；2016 年中国电力污染物排放约 360 万吨，折算每万平方面积污染物排放量为 3750 吨，但中国各省平均 $PM_{2.5}$ 的浓度为 20～80 微克/立方米，是美国的近 4～8 倍。在不考虑地形、生态等因素下，可以判断出火电对环境质量的影响是相对较低的。

2015 年美国单位面积电力污染物排放及各州环境空气质量情况见图 3-32；2016 年中国单位面积电力污染物排放及各省环境空气质量情况见图 3-33。

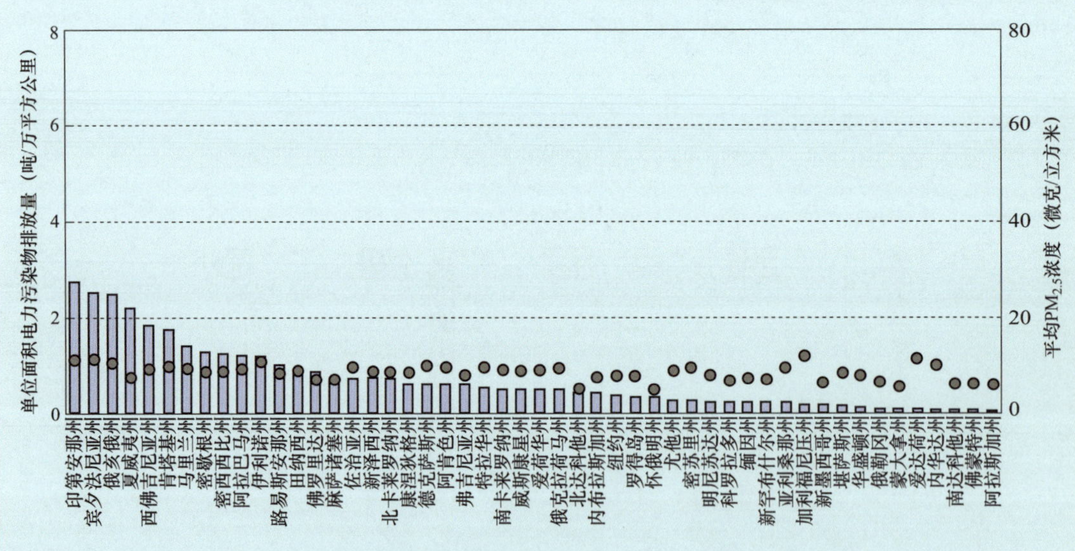

图 3-32　2015 年美国单位面积电力污染物排放及各州环境空气质量情况

注：数据来源于美国环保署 EPA、EIA。

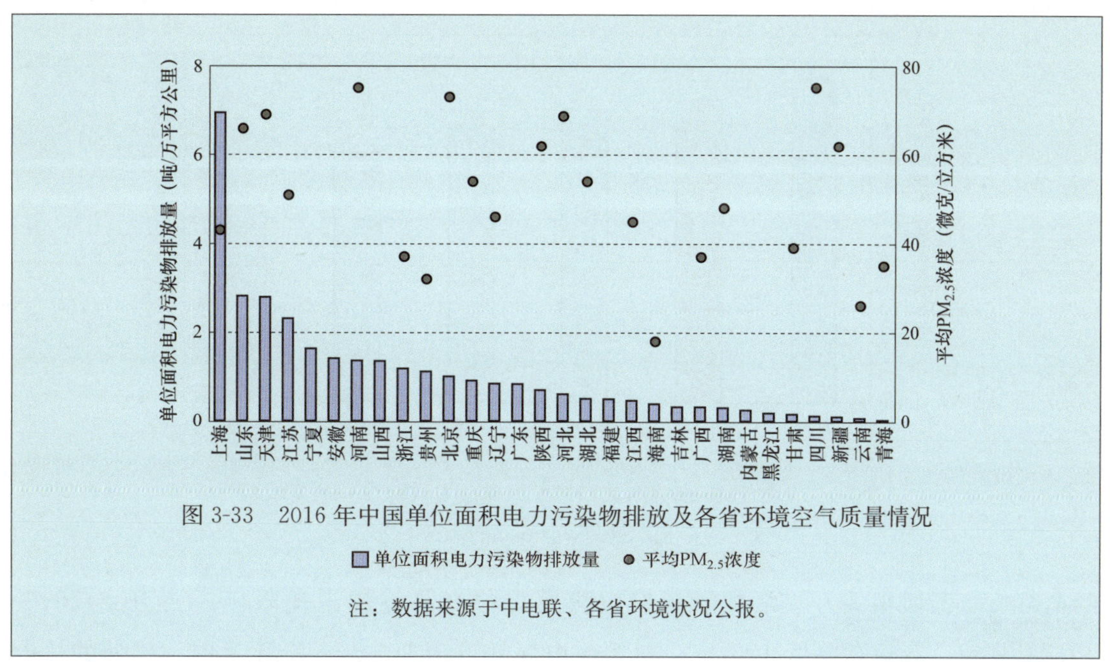

图 3-33　2016 年中国单位面积电力污染物排放及各省环境空气质量情况

注：数据来源于中电联、各省环境状况公报。

3.6.2　发电效率与碳排放强度

与世界主要煤电国家相比，中国煤电效率目前仅略低于日本，高于德国、美国等其他国家。

部分国家煤电发电效率变化情况见图 3-34；2014 年部分国家燃烧 1 千克煤炭（标煤）的发电量见图 3-35。

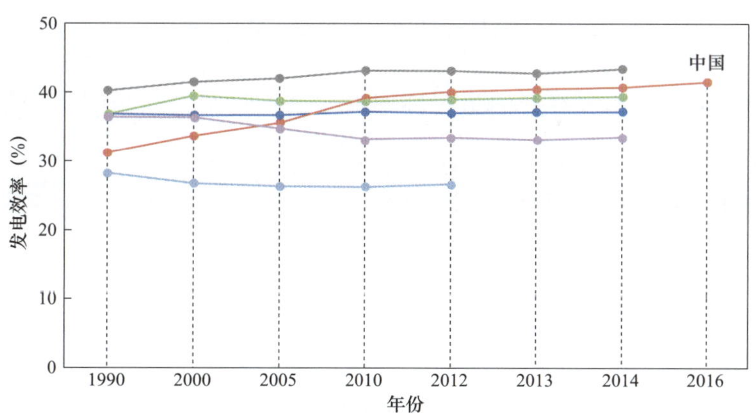

图 3-34　部分国家煤电发电效率变化情况

日本　德国　美国　澳大利亚　印度　中国

注：数据来源于中电联、ECOFYS、IEA。

煤电机组的煤耗不仅与技术参数相关，而且与机组运行情况密不可分，尤其与机组

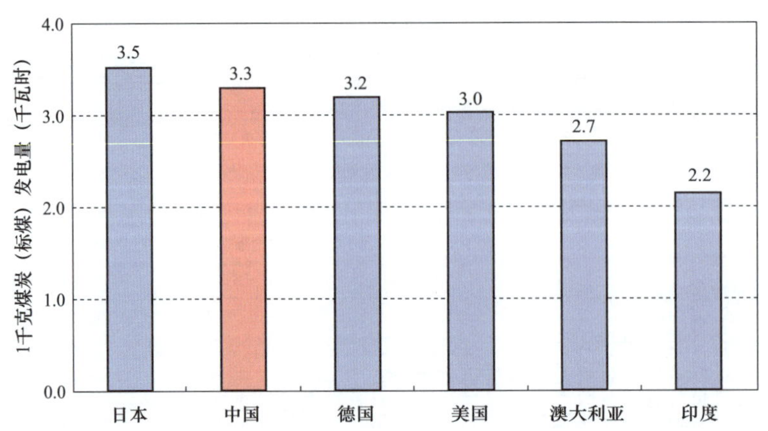

图 3-35　2014 年部分国家燃烧 1 千克煤炭（标煤）的发电量

注：数据来源于中电联。

的运行负荷密切相关。《常规燃煤发电机组单位产品能源消耗限额》（GB 21258—2017）规定，当负荷降低 10％时，机组供电煤耗可增加 3～5 克/千瓦时。国外的核电机组一般带基本负荷，煤电机组带基本负荷和中间负荷，燃油及燃气机组带中间负荷和尖峰负荷，抽水蓄能、气电机组等带尖峰负荷，实际上日本的煤电大容量机组一般都是高负荷发电，超（超）临界机组设备利用率接近 85％，而中国 30 万千瓦及以上机组多数负荷率在 60％～75％，综合考虑负荷因素对效率降低的影响，中国燃煤电厂的效率与日本持平。

专栏　机组负荷率对供电煤耗的影响

负荷率是影响机组运行煤耗的最大外部因素之一，同时在相同负荷率下，机组稳定运行比负荷波动更容易降低供电煤耗。对于 30 万千瓦等级的亚临界机组，50％负荷运行时供电煤耗比额定负荷时增加约 40 克/千瓦时，对于 100 万千瓦等级的超超临界机组，这一数值约增加 20 克/千瓦时左右。

不同等级机组不同负荷下供电煤耗变化情况见图 3-36。

全国煤电机组平均发电利用小时 2010 年为 5031 小时，到 2016 年仅为 4250 小时，创 1964 年以来的年度最低值。从日本煤电机组利用小时看，2014 年日本超超临界机组年利用小时达到 7386 小时，平均利用小时达到 6870 小时。此外，日本的燃煤主要为进口，燃煤煤质优于中国，这也是日本煤电效率相对较高的原因之一。

2005～2016 年我国煤电设备利用小时见图 3-37，2014 年日本煤电机组设备利用率见表 3-8。

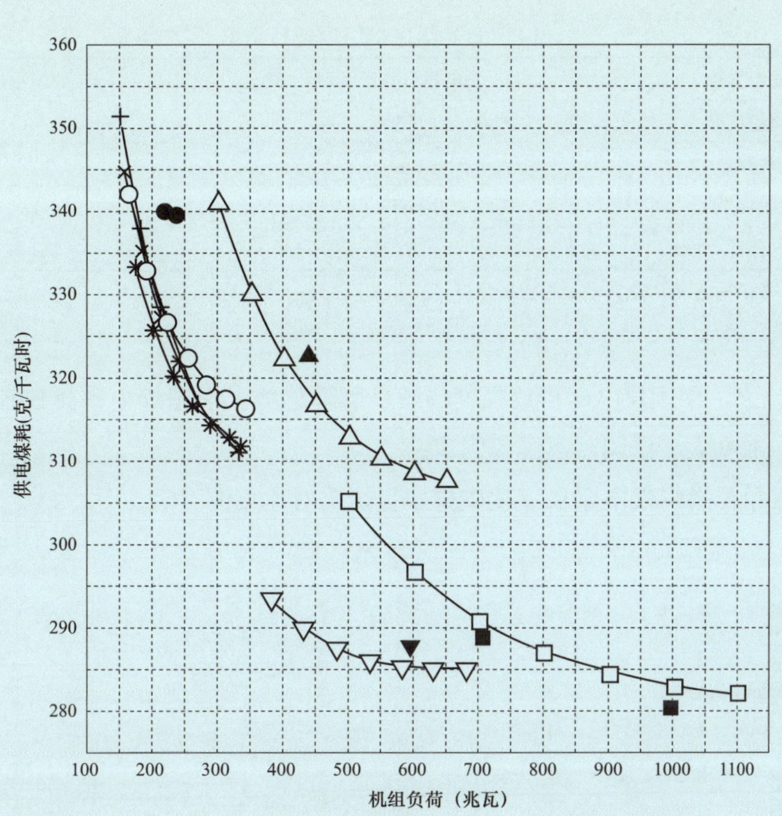

图 3-36　不同等级机组不同负荷下供电煤耗变化情况

＋ 300兆瓦亚临界机组　× 300兆瓦亚临界机组　✳ 300兆瓦亚临界机组
○ 300兆瓦亚临界机组　△ 600兆瓦亚临界机组　▽ 600兆瓦亚临界机组
□ 1000兆瓦超超临界机组　● 300兆瓦亚临界机组运行煤耗　▲ 600兆瓦亚临界机组运行煤耗
▼ 600兆瓦超临界机组试验煤耗　■ 1000兆瓦超临界机组试验煤耗

注：资料来源于《燃煤发电机组负荷率影响供电煤耗的研究》。

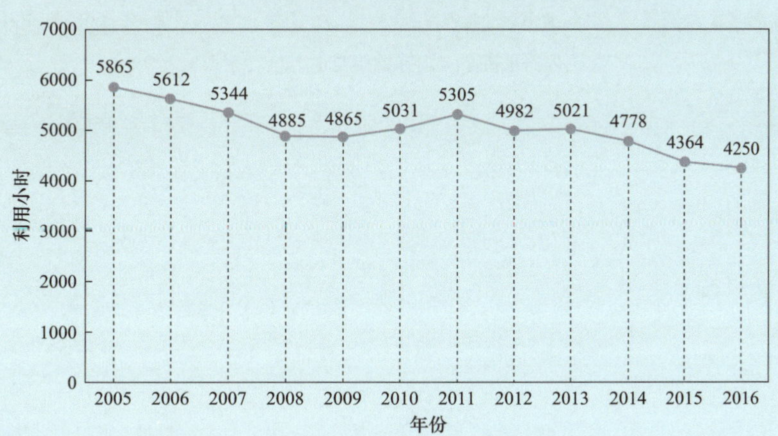

图 3-37　2005～2016 年我国煤电设备利用小时

注：数据来源于中电联。

表 3-8　　2014 年日本煤电机组设备利用率

发电方式	发电量（亿千瓦时）	年利用小时
超超临界	1346	7386
超临界	623	7372
亚临界	270	6099
合计	2238	6870

注　数据根据日本经济产业省数据进行折算。

2005 年以来，中国煤电碳排放强度持续呈下降趋势。中国煤电碳排放控制水平高于美国、德国、加拿大、法国、英国等国家。

部分国家单位燃煤发电量二氧化碳排放量情况对比见图 3-38。

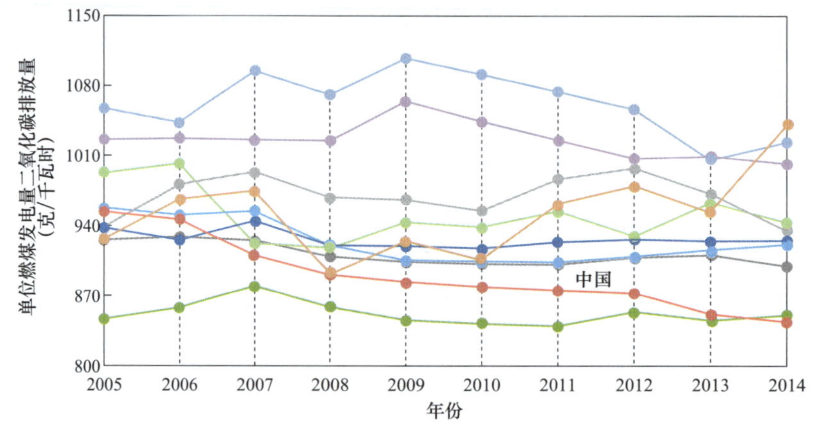

图 3-38　部分国家单位燃煤发电量二氧化碳排放量情况对比

加拿大　英国　法国　德国　韩国　印度　日本　澳大利亚　美国　中国

注：数据来源于《国际能源与电力统计手册》。

4 煤电清洁发展展望

绿色低碳是能源发展的大趋势，非化石能源将逐步替代化石能源，化石能源的能效水平及污染物控制水平将持续提高；中国煤电将持续发挥基础性和灵活性电源作用，并在一定的时期内继续扮演重要的角色；尽管煤电清洁发展取得巨大成效，常规污染物将保持在较低排放量水平并持续下降，但在节能减排方面依然面临着艰巨的任务，尤其是碳排放将成为煤电重要的制约因素。

4.1 绿色低碳是能源发展大趋势

在人类共同应对全球气候变化的大背景下，世界各国纷纷制定能源转型战略，提出更高的能效目标，制定更加积极的低碳政策，推动可再生能源发展，加大温室气体减排力度，同时不断寻求低成本清洁能源替代方案，推动经济绿色低碳转型。经过长期的技术储备，进入 21 世纪，以风能、太阳能等可再生能源的电能化快速发展为特征的工业革命兴起。世界风能、太阳能等可再生能源占比由 1990 年的 0.3% 增长至 2016 年的 3.2%。世界风能、太阳能两种能源的发电量由 2000 年的 0.33 亿千瓦时增长至 2016 年的 12.93 亿千瓦时，增长了 38 倍。

1990 年与 2016 年世界一次能源消费结构变化情况见图 4-1。

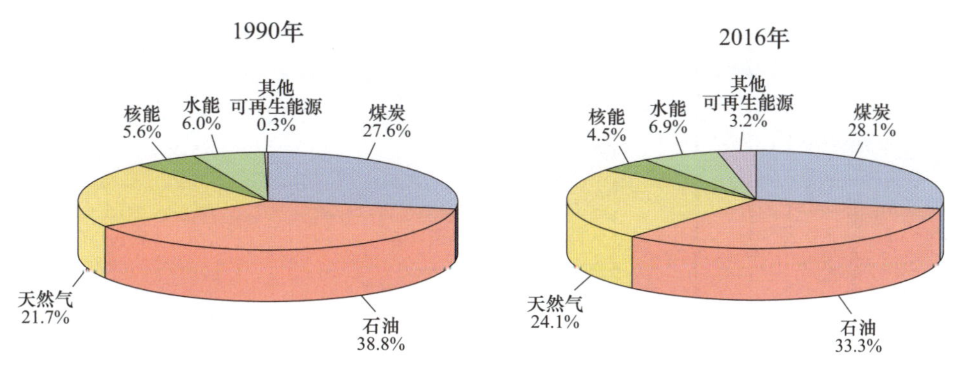

图 4-1　1990 年与 2016 年世界一次能源消费结构变化情况

注：数据来源于 BP。

降低煤炭在能源结构中的比重，大幅提高非化石能源比重，使清洁能源基本满足未来新增能源需求，实现单位国内生产总值碳排放量不断下降是中国能源转型的战略取向之一。按照《能源生产和消费革命战略（2016-2030）》，到 2020 年，能源消费总量控制在 50 亿吨标准煤以内，煤炭消费比重进一步降低，清洁能源成为能源增量主体，能源结构调整取得明显进展，非化石能源占比 15%，单位国内生产总值二氧化碳排放比 2015 年下降 18%；到 2030 年，能源消费总量控制在 60 亿吨标准煤以内，非化石能源占能源消费总量比重达到 20%左右，天然气占比达到 15%左右，新增能源需求主要依靠清洁能源满足。

中国非化石能源占能源消费比重变化趋势见图 4-2。

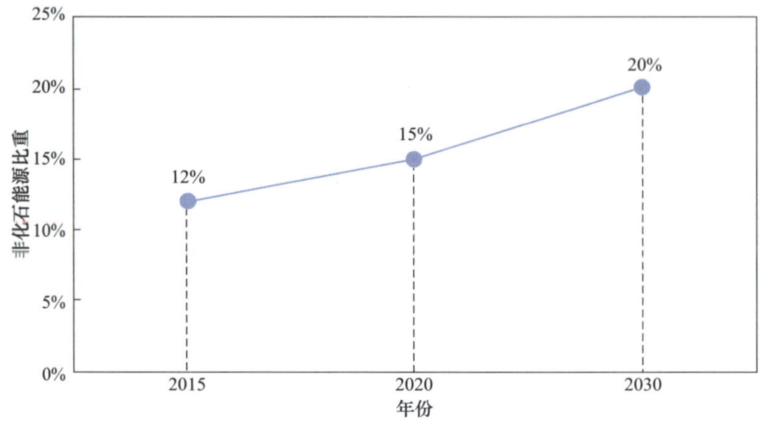

图 4-2　中国非化石能源占能源消费比重变化趋势

注：数据来源于《能源发展“十三五”规划》《能源生产和消费革命战略（2016－2030）》。

从燃煤发电机组污染物排放量看，预计烟尘、二氧化硫、氮氧化物三项污染物排放量分别由 2015 年的 40 万吨、200 万吨、180 万吨降至 2020 年的 20 万吨、90 万吨、90 万吨。

燃煤发电大气污染物排放变化趋势见图 4-3。

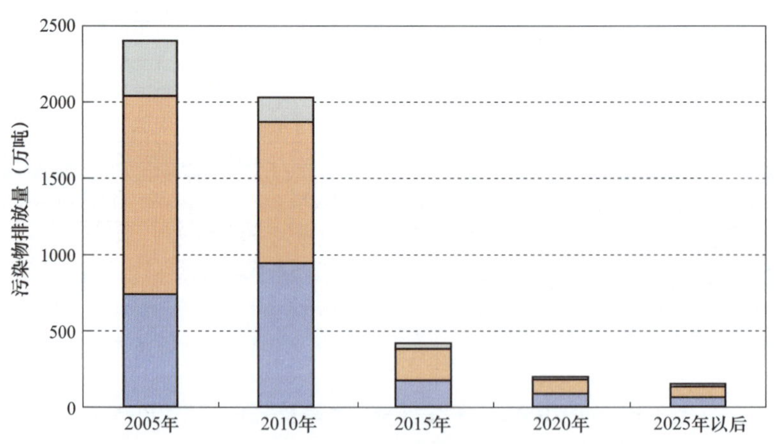

图 4-3　燃煤发电大气污染物排放变化趋势

烟尘　二氧化硫　氮氧化物

注：数据来源于中电联。

从煤电机组能效水平看，预计煤电机组供电煤耗由 2015 年的 318 克/千瓦时降至 2020 年的 310 克/千瓦时以下。

煤电机组供电煤耗变化趋势见图 4-4。

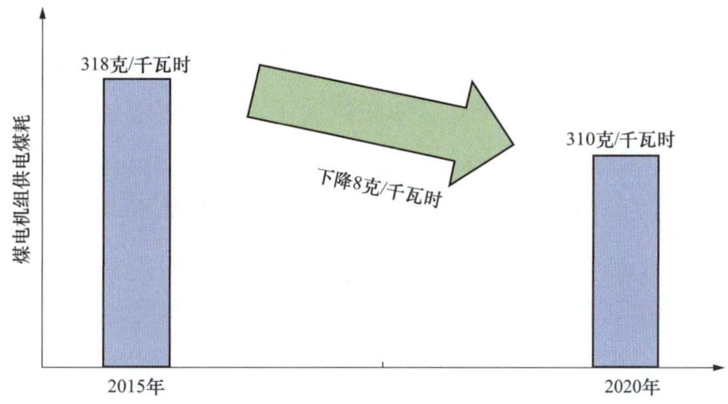

图 4-4　煤电机组供电煤耗变化趋势

4.2　煤电将持续发挥基础性和灵活性电源作用

根据《能源发展“十三五”规划》《电力发展“十三五”规划》，力争到 2020 年煤电装机容量控制在 11 亿千瓦以内，占比降至约 55%。随着可再生能源的发展，煤电的主体地位最终将被取代。但当前乃至二三十年内煤电仍是提供电力、电量的主体。从发展趋势看，煤电将逐步转变为提供可靠容量与电量的灵活性调节型电源，仍将发挥基础性作用。当前，严控发展规模、加快淘汰落后产能和大力实施灵活性改造是煤电的重要工作。

“十三五”电力工业发展主要目标见表 4-1。

表 4-1　“十三五”电力工业发展主要目标

类别	指　标	2015 年	2020 年	年均增速	属性
电力总量	总装机容量（亿千瓦）	15.3	20	5.5%	预期性
	全社会用电量	5.69	6.8～7.2	3.6%～4.8%	预期性
电力结构	非化石能源消费比重	12%	15%	[3%]	约束性
	非化石能源发电装机容量比重	35%	39%	[4%]	预期性
	化石能源发电装机容量比重	65%	61%	[−4%]	预期性
	煤电装机容量比重	59%	55%	[−4%]	预期性
	煤电（亿千瓦）	9	<11	4.10%	预期性

注　1. 数据来源于《电力发展“十三五”规划》。
　　2. [] 为五年累计值。

在煤电发展方面，从严控制煤电机组开工与投产规模，严格控制新开工项目审批节奏。目前全国除核准在建规模外，还有纳入规划及核准未建煤电项目约 1.5 亿千瓦，除个别供电紧张或民生需要的地区，原则上不再增加新开工项目。对 2020 年富余程度较高的区域和省份，按照富余程度和电厂建设进度停建或缓建一定规模的在建项目。

在淘汰落后产能方面，加快淘汰服役年限长，不符合能效、环保、安全、质量等要求的煤电机组，优先淘汰 30 万千瓦以下运行满 20 年的纯凝机组和运行满 25 年的抽凝式供热机组。加强行政执法和环保监督力度，对于符合落后产能淘汰标准的小煤电机组，严格控制供热改造，坚决限期予以关停并拆除，对于排放不达标的煤电机组，严禁其运行。

在煤电支撑非化石能源发展方面，加快推动北方地区热电机组储热改造和纯凝机组灵活性改造试点示范及推广应用。“十三五”期间，灵活性改造 2.2 亿千瓦，切实增加调峰能力。如，国电电力大连庄河电厂实现了 60 万千瓦超临界纯凝机组调峰到 18 万千瓦（额定容量 30%），提高了电力系统运行能力。

4.3　煤电清洁发展的任务依然艰巨

《能源生产和消费革命战略（2016-2030）》明确指出，实现煤炭转型发展是中国能源转型发展的立足点和首要任务，其中，实现煤炭集中使用并大力推进煤炭清洁利用是煤炭转型发展的主要内容，是迈向绿色低碳能源发展道路的重要战略途径。煤炭转化为电力是煤炭清洁高效利用的主要方式，煤炭只有转换为电力后，能源品质才会得到有效提升，成为可以控制使用的能源，实现全社会能效水平的提升。从世界范围看，世界电煤消费占煤炭消费的比重平均约 56%，美国 91%、澳大利亚 91%、德国 80%、加拿大 78%、英国 73%、印度 70%，中国低于发达国家水平、主要发展中国家及世界平均水平，煤炭转型发展具有较大空间。

世界部分国家和地区电煤比重见图 4-5。

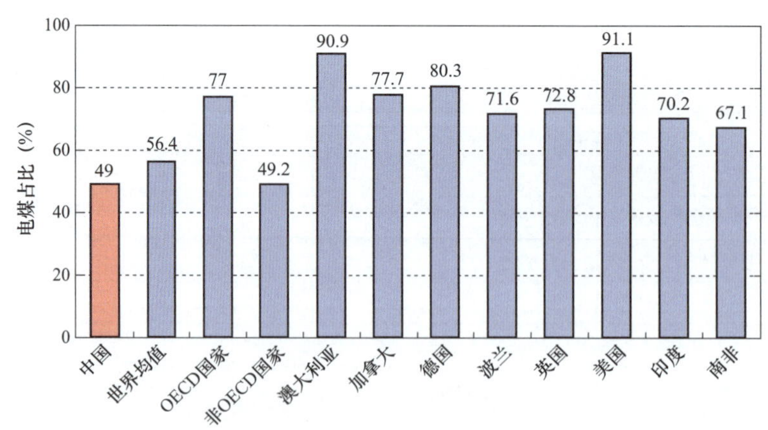

图 4-5　世界部分国家和地区电煤比重

注：中国为 2015 年数据、其他为 2014 年数据；数据来源于《电力发展“十三五”规划》、IEA 数据折算。

在未来较长时间内，大量压减散煤利用，降低煤炭在终端分散利用比例，推动实现集中利用和治理，即大幅提高电煤在煤炭消费中的比重，在满足了经济社会用电需要和保障能源安全的同时，可有效解决煤炭燃烧污染问题。2015 年工业实际燃煤约 37.6 亿吨，排放烟尘 825 万吨、二氧化硫 883 万吨、氮氧化物 869 万吨；假如 37.6 亿吨的工业燃煤全部转化为电力，按照目前煤电超低排放的水平，污染物排放量可降至烟尘 35 万吨、二氧化硫 130 万吨、氮氧化物 170 万吨，远低于工业和散煤污染物的排放量。由此可以看出，煤炭转化为电力是解决煤炭燃烧污染的有效措施。

燃煤大气污染物排放情景见图 4-6。

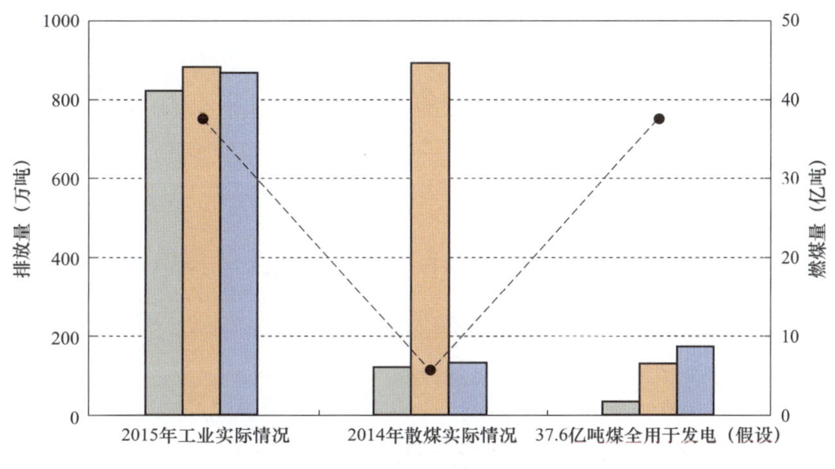

图 4-6　燃煤大气污染物排放情景

烟尘排放量　二氧化硫排放量　氮氧化物排放量　燃煤量

注：数据来源于《环境统计年报》、中电联、《中国散烧煤消费地图及影响因素研究》。

专栏　燃煤发电与散煤燃烧大气污染物排放比较

中国北方存在大量的散烧煤（简称散煤），是中国北方冬季污染的主要原因之一。相对于燃煤电厂集中监管，散煤点多面广，难以监管；相对于燃煤电厂高效除尘、脱硫、脱硝，散煤基本上没有污染治理措施，且受价格影响，散煤用户多采购高灰分、高硫分、低热值的低价劣质煤。根据相关单位测算，2014 年散煤年消费量约 5.71 亿吨（燃煤工业小锅炉、农村生活、住宿餐饮、城镇生活、农业生产五个领域 2014 年消费量总和），如全部统计燃煤小窑炉、零售批发、交通等各领域，中国散煤消费量至少 7 亿吨。根据文献的估算，2014 年散煤全年产生颗粒物排放量 122 万吨、二氧化硫排放 893 万吨、氮氧化物 132 万吨。

散煤与电煤的污染物排放对比情况见图 4-7。

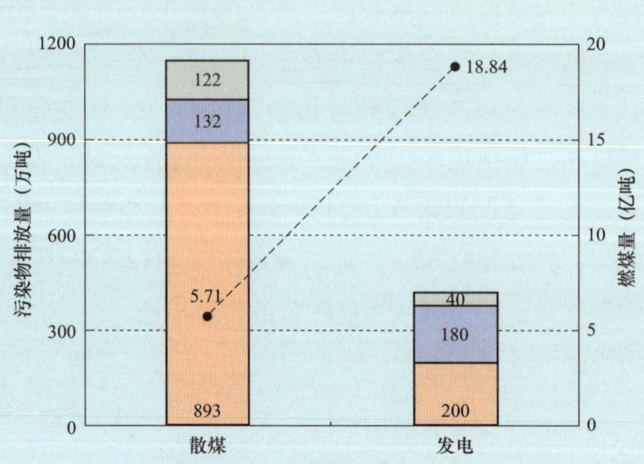

图 4-7　散煤与电煤的污染物排放对比情况

□烟尘 □氮氧化物 □二氧化硫 -●- 燃煤量

注：散煤为 2014 年数据，电煤为 2015 年数据；数据来源于中电联、《中国散烧煤消费地图及影响因素研究》。

从单位污染物的排放强度看，散煤的排放强度远高于集中燃煤，以单位排放最严重的农村生活领域为例，每吨农村生活散煤平均排放约 3.73 千克颗粒物，而每吨电煤仅排放 0.21 千克颗粒物，散煤排放强度约为电煤的 17 倍；每吨散煤燃烧排放的二氧化硫达到 20.72 千克/吨，而电煤仅为 1.06 千克/吨，散煤是电煤的 19 倍。

电力和农村生活散烧每千克煤炭所释放的污染物对比见图 4-8。

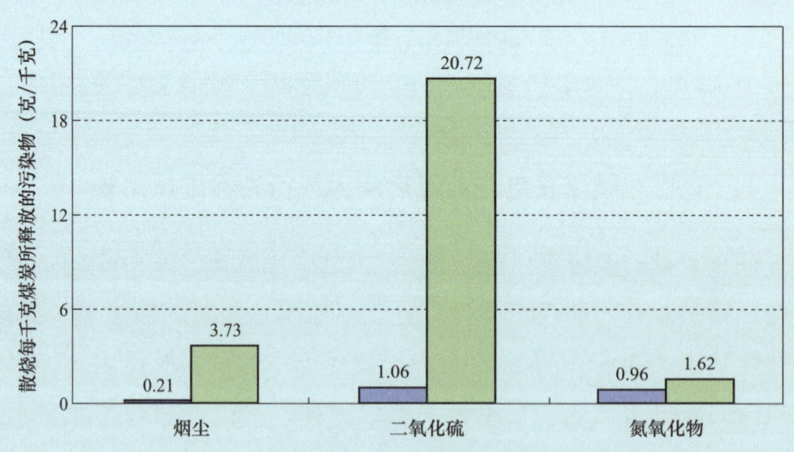

图 4-8　电力和农村生活散烧每千克煤炭所释放的污染物对比

□电力 □农村生活

注：资料来源于中电联、《中国散烧煤消费地图及影响因素研究》。

此外，污染物排放形式的不同对空气质量影响差别很大。火电厂属于高烟囱排放，烟囱高度通常为210米或240米，虽然火电污染物最大落地浓度一般在距烟囱3～5公里处，但电厂布局一般远离人口密集的城区，污染物通过大气扩散作用，对环境质量的影响比低矮源排放影响要低得多。如工业锅炉，目前全国约有50多万台，且这些锅炉大多在城市之内或城市边缘，烟囱高度低，通常在20～45米，一般不超过100米，污染物扩散距离很短。如果按照相同排放总量计算最大落地浓度，工业锅炉是电厂的10倍甚至20倍以上。散煤燃烧的烟囱更低，环境影响更大。

从不同天气条件下的扩散结果看，扩散天气条件较好时，污染物易发生垂直扩散，有利于大气污染物垂直的扩散稀释；当扩散天气条件恶劣时，常形成下沉逆温，不利于污染物向上扩散，而夜间更易形成辐射逆温，形成非常不利的气象条件，对污染物扩散更不利，极易形成污染危害。由于燃煤电厂烟囱超过210米，其污染物烟羽纵向扩散一般能够突破近地逆温层，对环境质量的影响相对较低。

煤炭转化为电力可以解决污染物排放问题，尤其能够大幅度降低大气污染物排放量。传统煤电向高效化、清洁化发展是必然的趋势。煤电污染物“源头减排、过程控制、末端治理”相结合的全过程治理，使常规大气污染物已不是煤电发展的约束性因素。需要明确说明的是，在现有技术经济条件下，无法解决煤炭带来的二氧化碳排放问题，碳减排将成为煤电发展重要制约因素。

面对国家提出的2030年左右碳排放达峰并尽早达峰的要求，电力工业的低碳发展对中国实现碳排放峰值起到决定性作用。2030年之前，随着电能替代散烧煤、工业锅炉用煤和民用煤等工作的大规模实施将使电能占终端能源消费比重进一步提高（注：仅2016年实施电能替代的电量达到1078.7亿千瓦时，替代原煤348.5万吨、原油4211.4万吨），电力碳排放量将持续增长，电力排放二氧化碳占全国能源消费排放二氧化碳的比例也将逐渐提高。同时，随着电力结构进一步调整、节能减碳技术水平进一步提高，电力碳排放强度将持续下降，预计2020年单位发电量二氧化碳排放量将比2005年降低35%左右，有效减缓电力二氧化碳排放总量的增长速度。

尽管煤电清洁发展取得了巨大成效，但煤电污染控制仍需进一步提高设备的稳定性、可靠性和经济性，减少二次污染物产生；还要加大对其他微量元素污染物控制的研究与技术储备；还要在污染物控制中高度注重针对性与协调性，因地制宜地选择技术路线；要充分发挥市场作用，协调好煤电与气电、煤电与可再生能源的关系，在推进电力市场化改革过程中确保电力工业清洁低碳发展。

5 总 结

（1）中国以煤为主的资源禀赋决定了能源消费以煤为主的格局，也决定了以煤电为主的电力生产和消费结构。2016年中国能源生产总量达到34.6亿吨标准煤当量，能源消费总量达到43.6亿吨标准煤当量，其中，原煤生产占能源生产总量的69.6%、煤炭消费占一次能源消费总量的62.0%（世界平均为28.1%），凸显了煤炭在中国能源中的地位。近十年来中国可再生能源迅猛发展，非化石能源比重大幅提高，煤炭和煤电的主体地位并没有改变。根据中电联统计，截至2016年年底，发电装机容量达16.5亿千瓦，其中煤电装机容量9.5亿千瓦，占发电装机总量的57.3%；发电量达6.0万亿千瓦时，其中燃煤发电量约3.9万亿千瓦时，占总发电量的65.5%。

（2）煤电在当前电力安全稳定供应、应急调峰、集中供热、平衡电价中发挥着基础性作用。从全国平均角度看，2016年每1千瓦时电量中有0.66千瓦时电是由燃煤电厂发出的，煤电是中国当前电力供应的主力电源和基础电源。随着风电、太阳能等新能源加速发展和用电负荷特性变化，系统对调峰容量的需求不断提高，但中国调峰电源燃气机组比重很低，抽水蓄能的容量也很小，仍需煤电大规模地调峰。从上网电价水平看，中国煤电平均标杆电价与水电基本相当，略低于核电，但比气电、风电、光伏发电等具有明显的价格优势，有效抑制了高成本非化石能源大规模发展所带来的用电成本提高。

（3）中国燃煤发电技术已经达到世界先进水平，部分领域达到世界领先水平。中国长期致力于发电技术的创新发展，改革开放以来，中国煤电装备技术水平快速提高，超超临界煤粉发电技术达到世界先进水平，大型空冷机组、循环流化床锅炉机组应用达到世界领先水平，节能技术全面普及应用。截至2016年年底，中国已投产百万千瓦等级机组达到96台，30万千瓦以上火电机组比例由1995年的27.8%增长至2016年的79.1%。

（4）中国燃煤电厂污染物实现了严格管控。中国燃煤电厂燃煤煤质复杂，燃煤平均发热量与挥发分偏低、硫分和灰分偏高，二氧化硫、烟尘和氮氧化物的原始生成浓度较高，且大多为环保技术改造项目，通过自主研发和引进消化吸收再创新，煤电大气污染物控制装置形成了全覆盖，除尘、脱硫、脱硝成为煤电标配装置，污染物治理技术总体达到世界先进水平，部分领域达到世界领先水平。

（5）中国煤电清洁发展取得了巨大成效，二氧化硫、氮氧化物、烟尘排放量大幅度下降，污染物排放绩效达到世界先进水平。在污染治理方面，2016年单位火电发电量二氧化硫、氮氧化物、烟尘排放量分别降至0.39克、0.36克和0.08克，三项大气污染物排放总量比历史峰值下降了86%；煤电废水排放、固体废物综合利用水平逐年提高。在能效方面，2016年中国火电供电煤耗降至312克/千瓦时，发电水耗降至1.3千克/千瓦时。在应对气候变化方面，碳排放强度不断下降，碳排放控制水平显著提升，2016年中国火电单位发电量二氧化碳排放量降至822克/千瓦时，比2005年下降了21.6%。

（6）绿色低碳是能源发展的大趋势。降低煤炭在能源结构中的比重，大幅提高非化石能源比重，使清洁能源基本满足未来新增能源需求，实现单位国内生产总值碳排放量不断下降是中国能源转型的战略取向之一，预计中国非化石能源占能源消费比重将由2015年的12%提高至2030年的20%。根据中国燃煤电厂超低排放要求，预计烟尘、二氧化硫、氮氧化物三项污染物排放量分别由2015年的40万吨、200万吨、180万吨降至2020年的20万吨、90万吨、90万吨；煤电供电煤耗由2015年的318克/千瓦时降至2020年的310克/千瓦时以下。

（7）煤电将持续发挥基础性和灵活性电源作用。随着可再生能源的发展，煤电的主体地位最终将被取代。但当前乃至二三十年内煤电仍是提供电力、电量的主体。从发展趋势看，煤电将逐步转变为提供可靠容量与电量的灵活性调节型电源，仍将发挥基础性作用。当前，严控发展规模、加快淘汰落后产能和大力实施灵活性改造是煤电的重要工作。

（8）煤电清洁发展的任务依然艰巨。实现煤炭集中使用并大力推进煤炭清洁利用是煤炭转型发展的主要内容，是迈向绿色低碳能源发展道路的重要战略途径。煤炭转化为电力是煤炭清洁高效利用的主要方式，从世界范围看，世界电煤消费占煤炭消费的比重平均约56%，美国91%、澳大利亚91%、德国80%、加拿大78%、英国73%、印度70%，中国仅为49%，低于发达国家水平、主要发展中国家及世界平均水平，煤炭转型发展具有较大空间。煤电污染物通过“源头减排、过程控制、末端治理”相结合的全过程治理，使常规大气污染物已不是煤电发展的约束性因素。但在现有技术经济条件下，无法解决煤炭带来的二氧化碳排放问题，碳减排将成为煤电发展重要制约因素。

尽管煤电清洁发展取得了巨大成效，但煤电污染控制仍需进一步提高设备的稳定性、可靠性和经济性，减少二次污染物产生；还要加大对其他微量元素污染物控制的研究与技术储备；还要在污染物控制中高度注重针对性与协调性，因地制宜地选择技术路线；要充分发挥市场作用，协调好煤电与气电、煤电与可再生能源的关系，在推进电力市场化改革过程中确保电力工业清洁低碳发展。

参 考 文 献

[1] 中国电力企业联合会．改革开放三十年的中国电力［M］．北京：中国电力出版社，2008.

[2] 中国电力企业联合会．中国电力行业年度发展报告［M］．北京：中国市场出版社，2015.

[3] 中华人民共和国国家统计局．中国统计摘要2017［M］．北京：中国统计出版社，2017.

[4] 中华人民共和国国家统计局．中国能源统计年鉴2016［M］．北京：中国统计出版社，2017.

[5] 中华人民共和国环境保护部．中国环境统计年报2015［M］．北京：中国环境科学出版社，2016.

[6] 国家电网公司发展策划部，国网能源研究院．国际能源与电力统计手册［M］．北京：中国电力出版社，2017.

[7] 中国电力工程顾问集团有限公司．电力工程设计手册火力发电厂节能设计［M］．北京：中国电力出版社，2017.

[8] BP．世界能源展望2017［R］．2017.